Susanne Müller

Obstkuchen Obsttorten

120 Rezepte
nach Obstarten der Jahreszeiten

Zweite, durchgesehene Auflage

W0188471

BLV Verlagsgesellschaft
München Wien Zürich

CIP-Kurztitelaufnahme der Deutschen
Bibliothek
Müller, Susanne:
Obstkuchen, Obsttorten: 120 Rezepte
nach Obstarten d. Jahreszeiten /
Susanne Müller.
[Zeichn.: Waltraud Berger]. –
2., durchges. Aufl. – München; Wien;
Zürich: BLV Verlagsgesellschaft, 1986
    (BLV Idee & Praxis:
    Essen und geniessen; 504)
    ISBN 3-405-12771-8

NE: BLV Idee und Praxis /
Essen und geniessen

BLV Idee & Praxis
Essen und genießen 504

© 1983 BLV Verlagsgesellschaft mbH,
München 1986

Farbfotos: Maizena, Hamburg S. 45,
Südzucker, Oberursel S. 52,
Studio Teubner S. 2, alle anderen
und Titelfoto C. P. Fischer, Baldham

Zeichnungen: Waltraud Berger

Satz: Gebr. Parcus, München
Druck: Appl, Wemding
Bindung: Ludwig Auer, Donauwörth

Printed in Germany · ISBN 3-405-12771-8

BLV IDEE PRAXIS

Inhalt

Ein Wort voraus

Es gibt wohl kaum eine Hausfrau, die ihre Familie nicht des öfteren mit selbstgebackenem Kuchen verwöhnt. Noch nie war das Backen so einfach und mühelos wie heutzutage. Während unsere Großmütter noch stundenlang in der Küche stehen mußten, um einen Teig von Hand zu rühren und um später die Kuchenformen auszuschrubben, nehmen uns heute Küchenmaschinen und spezialbeschichtete Formen diese Arbeiten ab.

Und wir sind heute auch ernährungsbewußter geworden: Obstkuchen sind wesentlich kalorienärmer als andere Kuchen oder z. B. Sahnetorten. Durch das reichhaltige Angebot an tiefgefrorenem Obst und Obst aus der Konserve können Obstkuchen auch in der kalten Jahreszeit zubereitet werden und sind dann ein willkommener Vitaminspender.

Zum Gebrauch dieses Buches

So interessant es auch ist, beim Kochen zu improvisieren, beim Backen ist genaues Abwiegen der im Rezept angegebenen Zutaten unbedingt erforderlich, damit der Hefeteig auch aufgeht und die Biskuitmasse schön locker und luftig wird.

Trotzdem ist es möglich, einen »individuellen« Kuchen zu backen, da in diesem Buch sehr viele Anregungen für Variationen angegeben sind, die Spielraum zu eigenen Kreationen bieten.

Bitte, lesen Sie immer zuerst das ganze Rezept durch!

Werden im Rezept Hinweise verwendet, z. B. Mürbteig s. Seite 10, schlagen Sie bitte dort nach und lesen Sie auch dieses Rezept vollständig durch. Hier sind Tips und Tricks angegeben, die wesentlich zu einem guten Gelingen des Kuchens beitragen. Dann wiegen Sie die Zutaten ab, bereiten sie vor wie angegeben (z. B. Kirschen waschen, Stiele entfernen, entsteinen, die Mandeln mahlen usw.) und stellen Sie sie in Reichweite Ihres Arbeitsplatzes.

Eine Ausnahme bilden Eischnee und Schlagsahne: Sie dürfen erst unmittelbar vor ihrer Verwendung geschlagen werden, da sie sonst Wasser ziehen und zusammenfallen, und sie sollen die Masse ja stützen!

Gelatine kann zwar schon anfangs eingeweicht werden, aber sie darf erst kurz vor ihrer Verwendung warm aufgelöst werden.

Abkürzungen

1 EL	=	1 gestrichener Eßlöffel
1 TL	=	1 gestrichener Teelöffel
P	=	Päckchen, Paket
Msp	=	Messerspitze
l	=	Liter
($^3/_8$ l	=	$^1/_4$ + $^1/_8$ l)
g	=	Gramm
kg	=	Kilogramm = 1000 g

Nun wünsche ich gutes Gelingen und viel Spaß beim Backen Ihrer Obstkuchen.

Susanne Müller

Die wichtigsten Zutaten

Mehl Verwendet wird Weizenmehl der Type 405. Das Mehl für sämtliche Teige immer sieben, dabei lösen sich kleine Klumpen auf und Luft kommt hinein. Wird Backpulver verwendet, sollte es gründlich mit dem Mehl vermischt und gemeinsam gesiebt werden. Zum Mehl kommt immer eine Prise Salz.

Butter Butter hat einen besonders guten Geschmack und wird im Rezeptteil immer genannt. Sie kann aber auch durch Margarine ersetzt werden. Nur Halbfettmargarine ist zum Backen nicht geeignet. Die jeweilige Verarbeitungstemperatur ist im Rezept angegeben. Zerlassene Butter darf nie heiß, sondern immer nur lauwarm zum Mehl gegeben werden.

Eier Verwendet werden frische Eier: Gewichtsklasse 3 (65–60 g) und Güteklasse A. Die Nummer der Verpackungswoche ist immer auf dem Eierkarton angegeben. Eier zuerst über einer Tasse aufschlagen und keines ohne Geruchsprobe verwenden.
Frischetest Ei in eine Schüssel mit kaltem Wasser legen. Bleibt es am Boden, ist es frisch, alte Eier schwimmen an der Oberfläche. Beim Aufschlagen muß der Dotter halbkugelförmig sein und nicht mit dem Eiweiß vermischt.

Zucker Verwendet wird die feine Raffinade. *Puderzucker* stets sieben, er klumpt leicht.

Vanillinzucker Mit dem Zucker mischen, gemeinsam zur Masse geben.

Vanilleschote Der Länge nach mit einem spitzen Messer aufritzen und auskratzen. Die leere Schote nicht wegwerfen, sondern in ein fest verschließbares Gefäß geben und mit sehr feinem Zucker füllen, es bildet sich so der echte Vanillezucker.

Rosinen Sind getrocknete Weintrauben. Zu unterscheiden sind:
Sultaninen Groß, rund, bräunlich,

Frischeprobe

Schwimmprobe   Aufschlagprobe
Frisches Ei

Ei sinkt zu Boden   Eiklar steht, Dotter ist hochgewölbt

7 Tage altes Ei

Ei steht   Eiklar und Dotter vermischen sich

3 Wochen altes Ei

Ei schwimmt   Eiklar zerfließt, Dotter wird flacher

Zutaten

geschwefelt. Vor Gebrauch warm abwaschen und mit Küchenkrepp trocken tupfen. Schlechte Beeren und Stiele entfernen. Ausnahme: Kalifornische Sultaninen, sie sind bläulich und ungeschwefelt.

Korinthen Klein, bläulich, kräftiger im Geschmack, naturbelassen.

Mandeln Am besten geschälte, aber ungehäutete Mandeln kaufen. Die Haut konserviert das Aroma. Mandeln mit kochendem Wasser überbrühen, 5 Minuten ziehen lassen, kalt abspülen. Zwischen den Fingern rutschen die Mandeln jetzt leicht aus ihrer Haut. Trocknen lassen, mit der Küchenmaschine mahlen bzw. so vorbereiten, wie im Rezept angegeben.

Haselnüsse Auf einem Backblech bei 180 °C 7 Minuten rösten. In ein Küchentuch geben und aneinanderreiben, damit die Häutchen abgehen. Mahlen oder hacken.

Zitronen-, Orangenschale Nur unbehandelte Früchte verwenden. Heiß abwaschen, abtrocknen, Schale dünn mit feinster Raffel abreiben. Nicht die weiße Haut verwenden, sie schmeckt bitter. Unbehandelte Früchte sind oft schwer zu bekommen. Es gibt aber gemahlene Zitronen- oder Orangenschale fertig zu kaufen.

Zitronat, Orangeat Gibt es klein gewürfelt in Packungen. Noch aromatischer sind aber ganze, kandierte Fruchtschalen, die man selbst klein schneidet.

Schokolade Vor dem Reiben 1 Stunde in den Kühlschrank legen. Sie läßt sich dann viel leichter reiben. *Borkenschokolade* Gibt es zu kaufen. Wenn nicht erhältlich, mit einem Ap-felschäler von einer kalten Tafel Schokolade »Späne« abhobeln.

Zwieback Kann man mit einer Küchenreibe fein reiben. Am saubersten geht es aber so: Zwiebackscheiben in einen Plastikbeutel legen, mit Wellholz mehrmals darüberrollen.

Speisestärke Kommt sie zum Mehl, damit vermischen. Kommt sie zu einer Eimasse, zuerst in 1–2 EL Wasser oder Milch auflösen, dann erst unterrühren.

Puddingpulver Immer zuerst mit 5 EL kalter Milch glatt rühren, damit sich keine Klümpchen bilden.

Gelatine Es kann Blatt- oder gemahlene Gelatine verwendet werden. 6 Blatt Gelatine sind austauschbar durch 1 Päckchen gemahlene Gelatine.

Sahne Verwendet werden saure Sahne (für Belag oder Guß) und süße Sahne (für Cremes und Verzierungen). Beim Einkauf auf das Verfalldatum achten. Süße Sahne noch vor Ablauf der Haltbarkeitsfrist schlagen. Sahne und Rührgerät müssen kalt und fettfrei sein. Sahne nicht zu lange schlagen, sie flockt sonst aus. Muß die Sahne längere Zeit stehen, mit Sahnefestiger zusammen aufschlagen. Nach ¾ der Schlagzeit Zucker zufügen.

Obst Genaue Verarbeitungshinweise sind bei den einzelnen Sorten angegeben. Alle Obstarten (bis auf Himbeeren) gründlich waschen. Faule Stellen großzügig ausschneiden. Obst nimmt schnell einen Fremdgeschmack an, daher nicht auf einem Brett schneiden, das vorher für Gemüse usw. benutzt wurde. Weiche Früchte, z. B. Kiwis oder Bananen, sehen besonders dekorativ aus, wenn man sie mit einem Buntmesser schneidet.

Teige

Blätterteig

In den Rezepten wird nur Tiefkühlblätterteig verwendet, da die Herstellung von Blätterteig besondere Zutaten und großen Arbeitsaufwand (Tourieren) erfordert. Kennzeichnend ist die splittrige, blättrige Struktur, die darauf beruht, daß eine hohe Fettmenge in den Teig eingebracht wurde.

Verarbeitung Teigplatten aus der Packung nehmen und nebeneinander bei Zimmertemperatur ca. 1 Stunde auftauen lassen. Blätterteig sollte möglichst kühl verarbeitet werden (kühler Raum, ideal zum Auswellen ist eine Marmorplatte). Die Teigplatten werden aufeinandergelegt und mit möglichst wenig Mehl ausgewellt. Der Teig darf auf keinen Fall geknetet werden, da sonst die blättrige Struktur verloren geht. Teigreste nicht verkneten, sondern übereinanderlegen und auswellen. Blätterteigböden sollten nicht dicker als 3–4 mm sein.

Blätterteig auf ein mit kaltem Wasser benetztes oder mit Backtrennpapier ausgelegtes Backblech legen. Auf einem gefetteten Blech würde er verlaufen.

Tips Formen mit einem scharfen Messer ausschneiden, zerdrückte Teigstellen blättern nicht mehr.
Füllungen, Beläge dürfen nicht zu feucht sein, Semmelbrösel oder Zwiebackmehl darunter streuen.
Zur Bräunung die Gebäckstücke mit verquirltem Eigelb bestreichen.
Blätterteig eignet sich gut zum Aprikotieren (s. Seite 19).

Blätterteig wird bei 220°C 15–20 Minuten im vorgeheizten Ofen gebacken. Benötigt die Füllung eine längere Backzeit, nicht mit Eigelb bestreichen, damit der Teig nicht zu dunkel wird. Statt Tiefkühlblätterteig kann auch selbstgemachter Quarkblätterteig verwendet werden, der in der Struktur etwas gröber ist.

Quarkblätterteig

250 g Mehl, gesiebt und mit
1 Msp Backpulver vermischt ∗
250 g Magerquark, ausgedrückt ∗
1 Msp Salz ∗ 250 g kalte Butter,
in Scheiben geschnitten.

Das Mehl auf ein Backbrett geben, Quark, Salz und Butter daraufgeben und mit einem Messer schnell zusammenhacken. Zu einem Teig kneten und 1 Stunde kühl stellen. Weiterverarbeiten wie Blätterteig.

Eischwerteig

Ist ein besonders zarter Rührteig. Verwendet wird jeweils dieselbe Gewichtsmenge Fett, Zucker, Eier und Mehl, basierend auf dem Gewicht der Eier.

180 g Butter ∗ 180 g Zucker ∗
180 g Eier (mit der Schale gewogen,
ca. 3 große oder 4 kleine Eier), ver-
quirlt ∗ 120 g Mehl, gesiebt und mit
60 g Speisestärke und 1 Prise Salz
vermischt.

Butter sehr schaumig rühren. Abwechslungsweise Zucker und Eier unterschlagen. Mehlgemisch unterrühren.

9

Teige

Zum Würzen eignen sich abgeriebene Zitronenschale, Vanillinzucker, Kakaopulver oder Arrak.

Den Teig in eine gut gefettete und mit Mehl angestäubte Springform geben und das Obst darauf verteilen. Es sinkt beim Backen in den Teig ein.

Den belegten Kuchen im vorgeheizten Ofen bei 180 °C 30 Minuten, bei 200 °C weitere 20 Minuten backen.

Mürbteig

Er ist der gebräuchlichste Teig für Obstkuchen und einfach in der Zubereitung. Das Fett dient als Lockerungsmittel, es sollte möglichst Butter verwendet werden. Die Butter sollte kühl, aber knetbar sein.

Das Rezept reicht für eine Springform (26 cm ∅) oder 8 Tortelettförmchen:

*250 g Mehl, gesiebt * 60 g Zucker * 1 Ei * 1 Prise Salz * 125 g Butter, in Scheiben geschnitten, zimmerwarm.*

Zum Würzen eignen sich abgeriebene Zitronenschale, Vanillinzucker, Zimt, geriebene Mandeln oder Haselnüsse (dann aber zusätzlich 1 Msp Backpulver zufügen).

Zubereitung von Hand

Das Mehl auf ein Backbrett geben. In die Mitte eine Vertiefung drücken und Zucker, Ei und Salz hineingeben. Das Ei darf nicht direkt auf das Mehl gegeben werden, da der Teig sonst fleckig wird. Außen herum die Butterscheiben legen. Die Zutaten mit einem breiten Messer zu einer bröseligen Masse

hacken. Mit der Hand rasch zusammenkneten. Den Teig in eine Folie einwickeln (damit er nicht austrocknet und keinen Fremdgeruch annimmt) und 30 Minuten in den Kühlschrank legen. Der Teig läßt sich danach leichter verarbeiten und die Zutaten verbinden sich stärker miteinander.

Zubereitung mit der Küchenmaschine

Butter, Zucker, Salz und das Ei bei mittlerer Geschwindigkeit schaumig rühren. Das Mehl bei langsamer Geschwindigkeit unterrühren. 1 Stunde kalt stellen.

Kuchenboden

²/₃ des Teigs auswellen. Dies geht ganz ohne Mehl zwischen zwei Bögen Pergamentpapier. Den Teig auf den Boden einer gefetteten oder mit Backtrennpapier ausgelegten Springform (oder in gefettete Tortelettförmchen)

legen. Aus dem restlichen Teig eine Rolle formen und mit den Fingern an den Springformrand drücken, mit einem Backrädchen gerade abschneiden. Andere Möglichkeiten der Randverzierung: Mit den Fingern Wellenlinien eindrücken. Oder aus dem restlichen Teig einen schmalen Zopf flechten. Oder aus dem Teigrest zwei dünne Röllchen formen und miteinander verdrehen.

Den Teig mit Semmelbröseln oder gemahlenen Mandeln bestreuen, das Obst daraufgeben und im vorgeheizten Ofen bei 200 °C 45 Minuten backen.

Blindbacken

Bei Obstsorten, die sehr wasserhaltig sind oder eine kürzere Garzeit haben, wird der Mürbteig vorgebacken (= blindgebacken). Dazu den Teig, wie beschrieben, in die Springform geben und den Rand hoch ziehen. Die Springform auf einen Bogen Pergament- oder Backpapier stellen, den Umriß abzeichnen und ca. 1 cm größer ausschneiden. Das Papier auf den Teig legen, im Knick gut andrücken und den Rand nach oben falzen. Mit getrockneten Erbsen, Bohnen oder Reis bestreuen. Wenn die Erbsen direkt auf den Teig gelegt werden, backen sie oft etwas ein und lassen sich schwer entfernen.

Bei 200 °C 20 Minuten backen. Aus dem Ofen nehmen, Erbsen und Papier

~~~~~~~~~~~~~~~~~~~~~

Tip Mürbteig zerbricht leicht, am besten in der Form auskühlen lassen. Daher nur den Rand der Springform entfernen.

~~~~~~~~~~~~~~~~~~~~~

entfernen, sie können wieder verwendet werden. Kuchenboden mit Obst belegen und weitere 10−15 Minuten backen.

▷ Wird der Teig mit gekochtem Obst belegt (z. B. bei Torteletts), den Mürbteig noch weitere 10 Minuten ohne Papier und Erbsen o. ä. backen, damit er Farbe annimmt. Anschließend mit etwas zerlassener Butter bepinseln, er ist dann besonders mürbe.

Hanfteig

Dieser Teig ist eine Variation des Mürbteigs mit Hefe.

250 g Mehl ∗ 10 g Hefe, mit 3 EL lauwarmer Milch angerührt ∗ 60 g Zucker ∗ 1 Ei ∗ 1 Prise Salz ∗ 125 g Butter, in Scheiben geschnitten, zimmerwarm.

In die Mitte des Mehls eine Mulde drücken und die angerührte Hefe hineingeben. Mit den restlichen Zutaten zusammen einen Mürbteig zubereiten. Teig 15 Minuten zugedeckt gehen lassen und dann wie Mürbteig weiterverarbeiten.

Pieteig

Aus Großbritannien und den USA stammen die Pies, die dort warm mit einer Portion Schlagsahne oder Vanilleeis serviert werden. Pies haben meist einen Teigdeckel und werden klassisch mit Schweineschmalz zubereitet. Sie werden in einer Pieform gebacken, gelingen aber auch in einer Wähen- oder Springform (28–30 cm ⌀).

250 g Mehl, gesiebt ∗
175 g Schweineschmalz (oder
Butter), in Scheiben geschnitten ∗
1 Prise Salz ∗ 6 EL Eiswasser (von
geschmolzenem Eiswürfel).

Mehl, Fett und Salz mit einem breiten Messer rasch zusammenhacken. Eiswasser zufügen und kurz zusammenkneten. 30 Minuten kühl stellen. Zwischen zwei Bögen Pergament- oder Backtrennpapier eine größere Teigplatte (für Boden und Rand) und eine kleinere (für den Deckel) auswellen. Die größere Platte in die gefettete und mit etwas Mehl ausgestäubte Pieform geben, mit dem Obst belegen und mit dem Deckel abdecken. In den Deckel ein kleines Loch schneiden oder mit einer Gabel mehrfach einstechen, damit der Dampf entweichen kann.
Bei 200 °C 35–40 Minuten im vorgeheizten Ofen backen.

Tips Pies eignen sich gut zum Aprikotieren (s. Seite 19).
Pies sind mürbe und zerbrechlich und werden am besten in der Form serviert.

Wähenteig

Wähen stammen aus der Schweiz und werden dort süß oder salzig zubereitet. Nach einer Schweizer Backregel muß eine Wähe 3mal backen: 1mal der Boden, 1mal der Belag und 1mal der Guß. Sie werden in einer speziellen Wähenform gebacken.

200 g Mehl, gesiebt ∗ 80 g Zucker ∗
1 Ei ∗ 1 Prise Salz ∗ 80 g Butter, in
Scheiben geschnitten, zimmerwarm.

Die Zutaten rasch mit einem breiten Messer zusammenhacken, kurz verkneten und 30 Minuten kühl stellen. Eine Wähenform (28–30 cm ⌀) einfetten und mit etwas Mehl ausstäuben, den Teig mit den Handflächen darin verteilen, den Rand 2 cm hoch ziehen, mit einer Gabel mehrfach einstechen. Im vorgeheizten Ofen bei 200 °C 20 Minuten backen und kurz abkühlen lassen.
Der Boden wird dann mit Semmelbröseln oder gemahlenen Nüssen bestreut, mit Obst belegt und bei 180 °C weitere 20 Minuten gebacken. Zum Schluß kommt ein Guß aus Sahne und Eiern darüber, dieser wird nochmals 15 Minuten gebacken.

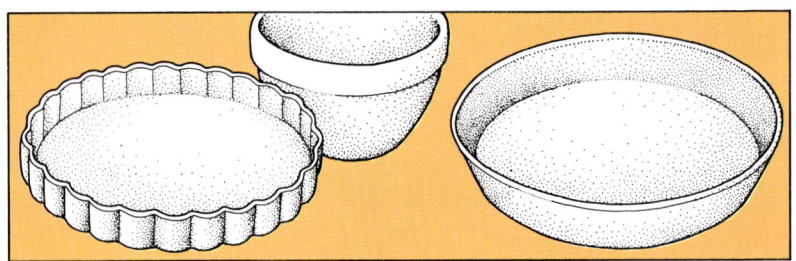

Teige

Hefeteig

Im Gegensatz zu den vorhergehenden Teigen, bei denen alle Zutaten kalt sein sollten, gelingt ein Hefeteig am besten, wenn Schüssel und Zutaten erwärmt sind. In diesem Rezept wird frische Hefe verwendet. Sie kann aber jederzeit durch Dauerbackhefe ersetzt werden. Genaue Zubereitung steht auf der Packung. Frische Hefe muß im Kühlschrank aufbewahrt werden und hält sich nicht länger als 1 Woche.

Tips Hefe mit lauwarmer (!) Milch und etwas Zucker anrühren. Zu heiße Milch tötet die Hefepilzkultur ab. Zucker unterstützt den Gärprozeß.
Die Butter sollte weich, aber nicht flüssig sein.
Hefeteig wird mit Obstbelag meist als Blechkuchen verwendet.

*500 g Mehl, gesiebt und mit 1 Prise Salz vermischt * 20 g frische Hefe, mit 2 F.L. lauwarmer Milch und 1 EL Zucker angerührt * 1/4 l Milch * 1 Ei * 80 g Butter * 80 g Zucker.*

Mehl in eine große Schüssel geben. In die Mitte eine Vertiefung drücken und die angerührte Hefe hineingeben. Mit ca. 1/3 des Mehls zu einem weichen, glatten Vorteig verrühren, mit wenig Mehl bestreuen und zugedeckt an einem warmen Ort 15–20 Minuten gehen lassen. Zeigen sich in der Mehlschicht Risse, ist der Teig genügend gegangen.
Die restlichen Zutaten hinzufügen und so lange einarbeiten, bis der Teig glatt

ist, Blasen wirft und sich vom Schüsselrand löst. Mit wenig Mehl bestäuben, mit einem Küchentuch abdecken und an einem warmen Ort 20 Minuten bis zur doppelten Größe gehen lassen.
Mit etwas Mehl zu einem Rechteck auswellen und auf ein gut gefettetes oder mit Backtrennpapier belegtes Backblech heben. Mit dem Obst belegen und nochmals 10 Minuten gehen lassen.
Im vorgeheizten Ofen bei 220 °C ca. 50–60 Minuten backen.

Fehlerquellen
▷ Hefe war alt oder ausgetrocknet.
▷ Hefe wurde mit zu heißer Milch angerührt.
▷ Fett oder Salz wurde direkt mit der Hefe angerührt.
▷ Teig wurde nicht abgedeckt und bekam eine Kruste.
▷ Teig ging zu lange.

Streusel

Sie passen sehr gut auf einen Blechkuchen aus Hefeteig.

Streusel für einen Blechkuchen
*350 g Mehl * 200 g Zucker * 50 g Mandeln, gemahlen * 1 Prise Salz * 200 g Butter, zerlassen.*

Streusel für eine Springform
*60 g Mehl * 60 g Zucker * 60 g Mandeln, gemahlen * 1 Prise Salz * 1 Msp Zimt * 60 g Butter, zerlassen.*

Schokoladenstreusel   Dem Mehl zwei gehäufte EL Kakaopulver zufügen.

Teige

Torten füllen und verzieren

Torte zusammensetzen

Torte bestreichen

Torten teilen

Schleifenband

Sternenkette

Schillerlocke

Breite S-Linie

Dichte Spirale

Rosetten

Wellenlinie

Kette

Schlange

Girlande

Sterntupfer

Punkttupfer

Kandierte Kirsche und Zitronat

Mandeln und Zitronat oder kandierter Rhabarber

Mandeln

Mandeln und Zitronat oder kandierter Rhabarber

Kandierte Kirsche und Zitronat oder kandierter Rhabarber

Teige

Mehl, Zucker, Mandeln und Salz vermischen. Die zerlassene Butter (soll lauwarm, nicht mehr heiß sein) zufügen und mit den Händen zu Krümeln reiben.

~~~~~~~~~~~~~~~~~~~~~~~~

Tips Sollen die Streusel *fest und kroß* sein, die zerlassene Butter über die restlichen Zutaten gießen.
Sollen die Streusel *locker und mürbe* sein, zuerst die Butter schaumig rühren und dann die restlichen Zutaten untermengen.
Streusel lassen sich besonders gut zerkrümeln, wenn sie zuvor 30 Minuten im Kühlschrank waren.

~~~~~~~~~~~~~~~~~~~~~~~~

Biskuitteig

Für den Biskuitteig gibt es mehrere Anwendungsbereiche: als Torte, geteilt und mit Creme gefüllt, als Roulade und als Kuchenboden. Wichtig für das Gelingen eines Biskuitteigs ist ein sehr steif geschlagener Eischnee (Näheres über die Zubereitung von Eischnee s. Seite 16).

Biskuitteig für Torte und Roulade
*4 Eigelb * 4 EL lauwarmes Wasser * 150 g Zucker * 1 P Vanillinzucker * 4 Eiweiß, mit 1 Prise Salz zu steifem Schnee geschlagen * 80 g Mehl, gesiebt und mit 80 g Speisestärke und 1 TL Backpulver vermischt.*

Eigelb, Wasser, Zucker und Vanillinzucker dickschaumig schlagen. Probe: Masse zwischen den Fingern zerreiben,

der Zucker darf nicht mehr knirschen. Den Eischnee daraufgeben und das Mehlgemisch darübersieben. Alles vorsichtig untereinanderheben und rasch weiterverarbeiten.
Eine Springform (26 cm ∅) mit Backtrennpapier auslegen. Oder nur den Boden einfetten. Der Rand darf auf keinen Fall eingefettet werden, sonst wölbt sich die Torte nach oben.
Im vorgeheizten Ofen bei 175 °C 20 Minuten backen. Backofentüre nicht zu früh öffnen, der Teig fällt sonst zusammen. 10 Minuten in der Form abkühlen lassen, mit einem Messer vorsichtig den Rand lösen, auf ein Kuchengitter stürzen und ganz auskühlen lassen.

Torte teilen
Der Biskuitboden muß vollkommen ausgekühlt sein. Am besten einen Tag zuvor backen. Den Kuchenrand mit einem scharfen Messer ringsum leicht einritzen. Einen festen Faden in die Rille legen und über Kreuz zusammenziehen. Der Boden ist gleichmäßig durchgeschnitten.
Die Torte am besten schon auf der Tortenplatte füllen, da sie später nur schwer transportiert werden kann. Um die Tortenplatte sauber zu behalten, breite Papierstreifen unterlegen, die anschließend leicht zu entfernen sind.

Roulade zubereiten
Die Biskuitmasse ca. 1 cm dick auf ein mit Backtrennpapier ausgelegtes Backblech streichen und im vorgeheizten Ofen bei 200 °C in 15 Minuten goldgelb backen (darf nicht braun werden, läßt sich sonst schwer aufrollen). Den

Teige

Biskuit sofort auf ein mit Zucker bestreutes Küchentuch stürzen, das Papier abziehen, die Längsränder mit dem Daumen leicht andrücken (damit die Spannung verloren geht) und mit dem Küchentuch schnell zusammenrollen. Vollständig auskühlen lassen. Aufrollen, mit Creme und Obst füllen und wieder zusammenrollen. Mit Puderzucker bestäuben und verzieren bzw. nach Rezept arbeiten.

Biskuitteig für Kuchenboden

*3 Eigelb * 3 EL lauwarmes Wasser * 120 g Zucker * 1 P Vanillinzucker * 3 Eiweiß, mit 1 Prise Salz steif geschlagen * 150 g Mehl, gesiebt und mit 1 Msp Backpulver vermischt.*

Schokoladenbiskuit Dem Mehl 40 g Kakaopulver zufügen.

Zubereitung wie bei Torte. Tortenbodenform gleichmäßig fetten oder mit Backtrennpapier auslegen. Im vorgeheizten Ofen bei 175 °C 20 Minuten goldgelb backen.

Baiser

Für Baisermassen gibt es verschiedene Anwendungsbereiche: als Tortenböden, als Torteletts und als Guß für Obstkuchen.
Eine Baisermasse kann kalt oder warm (im Wasserbad) aufgeschlagen werden. Letztere ist noch standfester.
Das Wichtigste beim Baiser ist ein sehr steifer Eischnee.

Zubereitung von Eischnee

▷ Es darf keine Spur Eigelb beim Eiweiß sein. Deshalb Eier nacheinander über einer Tasse trennen. Zerschlägt ein Eigelb, ist nicht gleich die ganze Masse verdorben.

▷ Eiweiß und Gefäß müssen sehr kalt sein und absolut fettfrei.

▷ Eischnee nur in Kunststoff- oder Porzellangefäßen schlagen, nicht in Emaille oder Aluminium.

▷ Dem Eischnee eine Prise Salz zufügen, er wird dann steifer.

▷ Eischnee immer erst kurz vor Gebrauch zubereiten, er zieht sonst Wasser.

▷ Den Zucker langsam zugeben.

▷ Eischnee so lange schlagen, bis sich Spitzen bilden und sich die Schüssel umdrehen läßt, ohne daß die Masse herausfällt.

▷ Nicht so lange schlagen, bis die Masse flockig wird, es bilden sich sonst beim Backen Hohlräume.

Tip Baisermasse zerbröckelt leicht. Deshalb vorsichtig mit einem breiten Messer vom Blech nehmen. Auf einem Kuchengitter auskühlen lassen.

Teige

Baisermasse für Tortenboden oder 6 Torteletts
*4 Eiweiß * 1 Prise Salz *
250 g Puderzucker, gesiebt.*

Schokoladenbaiser 2 EL Kakaopulver mit dem Puderzucker mischen.

Eiweiß und Salz im Wasserbad steif schlagen. Langsam den Zucker einrühren und weiterrühren, bis die Masse ganz steif ist. Aus dem Wasserbad nehmen und weiterschlagen, bis die Masse erkaltet. Baisermasse in einen Spritzbeutel mit Sterntülle füllen (Beutel vorher in Kühlschrank legen). Auf ein mit Backtrennpapier belegtes Backblech entweder einen großen Kreis (für Torte) oder 6 kleine Kreise (für Torteletts) zeichnen und von der Mitte beginnend spiralenförmig den Kreis füllen.
In den kalten Backofen schieben und bei 100 °C ca. 70–80 Minuten trocknen. Die Masse darf nicht dunkel werden, sonst einen Kochlöffel zwischen die Ofentüre klemmen.

Baiserhaube für Obstkuchen
*3 Eiweiß * 1 Prise Salz * 90 g Puderzucker, gesiebt.*

Zubereitung wie vorher.
Auf den vorgebackenen Kuchen streichen oder spritzen, bei 140 °C 30 Minuten backen.

Variationen
▷ Auf die Baiserhaube etwas Puderzucker sieben, er karamelisiert und bekommt eine bräunliche Farbe.
▷ Unter die Baisermasse einige feingehackte Mandeln oder Pistazien ziehen.

Brandteig

Wird bei diesen Rezepten für Windbeutel verwendet. Ergibt 8 Stück.

*1/4 l Wasser * 1 Prise Salz * 60 g Butter * 150 g Mehl, gesiebt und mit 1 TL Backpulver vermischt * 4 Eier.*

Wasser, Salz und Butter zum Kochen bringen. Das Mehl auf einmal einschütten und so lange rühren (abrösten), bis sich die Masse als Kloß vom Topfboden löst. Vom Herd nehmen und sofort 1 Ei unter die heiße Masse schlagen. Erkalten lassen und nach und nach die restlichen Eier nacheinander unterrühren. Das letzte Ei vorher in einer Tasse verquirlen und löffelweise so viel davon zugeben, bis der Teig glatt und glänzend in Spitzen vom Löffel fällt. Dann ist der Teig richtig.
Ein Backblech fetten und mit Mehl bestäuben oder mit Backtrennpapier auslegen. Mit zwei Teelöffeln Teighäufchen abstechen und daraufsetzen (oder die Masse in Spritzbeutel füllen und aufspritzen). Zwischen den Gebäckstücken einen großen Zwischenraum lassen, da die Masse stark aufgeht.
Im vorgeheizten Ofen bei 225 °C ca. 30 Minuten backen.
Besonders luftig wird die Masse, wenn man 1/2 Tasse Wasser in die Fettpfanne des Ofens gibt und die Tür sofort schließt. Während des Backens die Ofentüre nicht öffnen.
Sofort nach dem Backen einen Deckel abschneiden, damit der Dampf entweichen kann. Auskühlen lassen. Mit Sahne und Obst füllen. Mit Puderzucker bestäuben.

Teige

Strudelteig

*2 Eier * 2 EL Öl * 1/16 l Wasser
(2 halbe Eierschalen) * 250 g Mehl,
gesiebt * 1 Prise Salz.*

Eier, Öl und Wasser verquirlen. Mehl
und Salz zufügen und so lange kneten,
bis der Teig glatt und geschmeidig ist.
Teig in einen heißen, trockenen Topf
geben (vorher Wasser darin kochen)
und zugedeckt 30 Minuten ruhen lassen. Auf einer bemehlten Arbeitsfläche
auswellen und auf ein sauberes, mit
Mehl bestäubtes Tuch legen (läßt sich

so leichter transportieren). Mit den
Händen so dünn wie möglich ausziehen, der Teig darf aber nicht reißen.
Die ganze Teigplatte dünn mit Butter
bepinseln und füllen. Die Füllung auf
einer Seite verteilen und den Strudel
mit Hilfe des Tuchs aufrollen. Die Enden etwas einschlagen und mit der
Nahtstelle nach unten auf ein gut gefettetes oder mit Backtrennpapier ausgelegtes Blech (oder in eine Reine) gleiten lassen. Mit Milch oder Butter bestreichen.
Im vorgeheizten Backofen bei 220 °C
40−50 Minuten backen.

Überziehen, Aprikotieren, Verzieren

Puderzuckerglasur

Sie verbessert den Geschmack und dient zur Frischhaltung. Am besten mit einem Pinsel oder breitem Messer zügig auftragen. Die Glasur »stirbt ab«, wenn zu oft mit dem Pinsel oder Messer hin und her gefahren wurde.

250 g Puderzucker, gesiebt, mit 4−5 EL Flüssigkeit kräftig verrührt.

An Flüssigkeiten können verwendet werden: Zitronen-, Orangensaft, Arrak, Rum, Weißwein, Likör, Obstsaft usw.

Tips Besonderen Schmelz bekommt eine Glasur, wenn sie mit Milch angerührt wurde (fondantähnlich).
Für eine dunkle Glasur fügt man etwas Kakaopulver zu.
Soll die Glasur glänzen, wird sie auf kalten Kuchen aufgetragen.
Soll die Glasur matt sein, trägt man sie auf den heißen Kuchen auf. Hierfür sollte sie etwas flüssiger angerührt sein.

Eiweißglasur

200 g Puderzucker, gesiebt, mit 1 Eiweiß und etwas Zitronensaft dickschaumig gerührt.

Dies ergibt einen besonders dicken, glänzenden Überzug, der gespritzt wird, auch Spritzglasur genannt.
Bei nur 125 g Puderzucker auf 1 Eiweiß ist die Glasur zum Mitbacken geeignet.

Kuvertüre

Fertige Kuvertüre (hell oder dunkel) in größere Stücke schneiden und im Wasserbad schmelzen. Es darf kein Tropfen Wasser hineingelangen!
Kuvertüre warm entweder in die Mitte der Kuchenoberfläche gießen, den Kuchen etwas schräg halten und langsam drehen. Erkalten lassen. Oder mit dem Pinsel dick auftragen.

Tortenguß

Laut Packungsanweisung bereiten. Er schmeckt noch besser, wenn er statt mit Wasser mit Obstsaft oder Weißwein angerührt wird. Lauwarm mit einem Pinsel dünn über die Früchte geben. Er dient zum Frischhalten des Obstbelages und zum Konservieren der Farbe.

Aprikotieren

Kuchen werden aprikotiert, damit sie nicht austrocknen, damit durch das Belegen mit saftigen Früchten der Boden nicht durchfeuchtet oder damit für späteres Glasieren ein glatter Untergrund geschaffen wird.
Man erwärmt 100 g Aprikosenmarmelade mit dem Saft von ½ Zitrone, sie muß gleichmäßig flüssig werden, streicht sie durch ein Sieb und pinselt sie auf den heißen Kuchen. Man kann der Marmelade noch 50 g feingehackte Mandeln zufügen.
Mit breitem Messer dünn auf die Kuchenoberfläche auftragen, so daß nur die Teigporen geschlossen werden.

Verzieren

Verzieren

Rand

Mit Schlagsahne oder Buttercreme dünn bestreichen und mit einem Palettenmesser geröstete Mandelblättchen, fein- oder grobgehackte Haselnüsse, Pistazien oder Schokoladeraspeln (hell oder dunkel) andrücken oder den Rand damit bewerfen.

Trockene Oberfläche

Mit Puderzucker oder Kakaopulver dünn übersieben (eventuell Schablone verwenden).

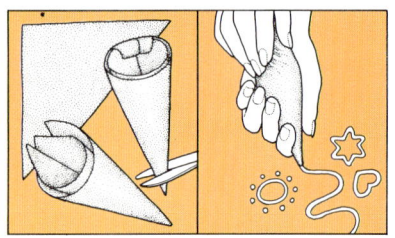

Fruchtige oder feuchtende Oberfläche

Verziert wird mit Sahne- oder Buttercreme auf den fertigen Kuchen oder mit Baiserguß auf den Kuchen vor dem Backen. Dazu muß eine Garnierspritze oder ein Spritzbeutel mit verschiedenen Tüllen vorhanden sein.

Zusätzlich können die einzelnen Tortenstücke mit Garnierungen gespritzt und/oder mit einer Frucht, einer gerösteten Haselnuß oder einer Belegkirsche verziert werden. Für hohe Torten rechnet man 16 Stücke, für flache 12 Stücke.

Tip Um beim Arbeiten die Tortenplatte sauber zu halten, vorher 2 halbe Bögen Pergamentpapier oder zugeschnittene Papierstreifen zwischen Tortenplatte und Tortenboden legen, die Torte verzieren, anschließend die Bögen wieder herausziehen.

Backgeheimnisse

Verfeinern von Kuchen- und Tortenböden

▷ Mürbteig bekommt eine ganz neue Geschmacksvariante, wenn man ihn mit Vollkornmehl oder Vollkornschrot zubereitet. Dann nur mit leicht gesüßter Schlagsahne bestreichen und mit Obst belegen.

▷ Biskuitböden, die mit einer Creme bestrichen werden, sind saftiger, wenn man sie mit etwas Flüssigkeit beträufelt. Wenn Kinder mitessen, wird man Obstsaft, Zitronen- oder Orangensaft verwenden, sonst eignen sich Liköre (z. B. für Kirschtorte Kirschwasser, für Himbeertorte Himbeergeist), Rum oder Arrak sehr gut. Dann auch die dazu gereichte Schlagsahne mit dem Likör leicht parfümieren.

Kuchenböden sollen nicht durchweichen

▷ Vor dem Belegen mit Semmelbröseln oder gemahlenen Mandeln bestreuen.

▷ Blindbacken.

▷ Boden mit Sahnefestiger (Fertigprodukt) übersieben.

▷ Backoblate zwischen Boden und Belag legen.

▷ Boden dünn mit Tortenguß oder Eiweiß bestreichen.

▷ Boden dünn aprikotieren.

Backtrennpapier

In entsprechender Formgröße akkurat zuschneiden und in die ungefettete Form bzw. Blech legen. Nach dem Backen vorsichtig abziehen und aufheben, das Papier läßt sich viele Male nacheinander verwenden.

Backoblaten

Obstkuchenoblaten gibt es rund für die Springform, eckig für das Blech. Sie schützen vor dem Durchweichen beim Mitbacken und Belegen mit saftigen Früchten. Besonders für Mürbteig- und Biskuitböden zu empfehlen. Vor dem Belegen gebackener Kuchenböden die Oblate mit Obstsaft leicht durchfeuchten.

Garprobe

Mit einem trockenen, dünnen Holzstäbchen (Zahnstocher) in den höchsten Teil des Kuchens einstechen. Es dürfen keine Teigreste daran hängen bleiben.

Zubereitung von Cremes

▷ Zum Schlagen keine Kupfergefäße verwenden, am besten sind Kunststoffschüsseln.

▷ Für eine Sahnecreme Sahnefestiger oder Gelatine verwenden.

▷ Soll eine Cremefüllung nicht so kalorienreich sein, kann man statt Sahne Eischnee oder Dessertschaum verwenden.

▷ Bei Buttercreme darauf achten, daß Pudding und Butter dieselbe Temperatur haben, sonst gerinnt beim Vermischen die Creme. Also den Pudding abkühlen lassen und die Butter bei Zimmertemperatur verwenden.

▷ Beim Abkühlen von Pudding etwas Butter auf die Oberfläche streichen, dann bildet sich keine Haut.

▷ Buttercreme gerinnt: Etwas Kokosfett sehr heiß werden lassen und sofort in die Buttercreme gießen. So lange rühren, bis die Creme wieder glatt ist.

Backgeheimnisse

Umgang mit Gelatine

▷ Gelatine immer in kaltem Wasser 10 Minuten einweichen. Bei schwacher Temperatur auflösen.

▷ Gelatine darf nie kochen, sie schmeckt sonst leimig.

▷ Die heiße Creme langsam unter die Gelatine rühren, nie umgekehrt. Die Gelatine muß etwas abgekühlt sein, durch Temperaturunterschiede bildet sie Klümpchen.

▷ Klümpchen: Die ganze Masse leicht erwärmen, die Gelatine löst sich dann wieder auf.

▷ Sahne oder Eischnee darf erst unter eine Gelatinecreme gezogen werden, wenn die Creme schon so weit geliert, daß man mit einer Gabel »Straßen« ziehen kann, sonst setzt sich die Gelatine ab.

▷ Gelatinespeisen zum Festwerden 3–4 Stunden in den Kühlschrank stellen. Bei Temperaturen über 30 °C wird Gelatine wieder flüssig.

Ungebackene Teige einfrieren

Zum Einfrieren geeignet Blätterteig, Mürbteig, Pie-, Wähen- und Hefeteig.
Zum Einfrieren nicht geeignet Eischwer-, Biskuit-, Baiser-, Brand- und Strudelteig.
Praktisch zum Einfrieren sind Aluformen, die später gleich zum Backen verwendet werden können.

Fertige Kuchen einfrieren

Zum Einfrieren geeignet Fertig gebackene Kuchen aus Blätter-, Eischwer-, Mürb-, Pie-, Wähen-, Biskuit- und Strudelteig. Mürbteig wird sogar noch zarter.

Kuchen aus Hefeteig sollten lauwarm eingefroren und unaufgetaut bei 200 °C 10 Minuten aufgebacken werden. Sie schmecken dann wie frisch gebacken. Lagerfähigkeit 2–3 Monate bei −18 °C.

Zum Einfrieren nicht geeignet Kuchen mit Baisermasse, sie wird schwammig. Den Kuchen am besten ohne Baiser einfrieren und erst nach dem Auftauen mit einer Baiserhaube bedecken und kurz überbacken.

Auch Güsse und Glasuren können erst nach dem Auftauen auf den Kuchen aufgetragen werden.

Auftauen

Rohe Teige in der geöffneten Verpackung bei Zimmertemperatur oder über Nacht im Kühlschrank auftauen lassen.

Fertige Kuchen bei Zimmertemperatur in der verschlossenen Verpackung auftauen lassen. Die Feuchtigkeit schlägt sich an der Verpackung nieder, die dann vorsichtig abgenommen wird. Ganze Kuchen benötigen 4–5 Stunden, einzelne Stücke ca. 1 Stunde.

Backtemperaturen

	Elektroherd	Umluftherd	Gasherd	Einschubleiste
Halbhohe Kuchen	200 °C	160–170 °C	Stufe 3	untere Mitte
Flache Kuchen	220 °C	170–180 °C	Stufe 4	Mitte

Rhabarber

Zu unterscheiden sind die Sorten
grünstielig und grünfleischig
rotstielig und grünfleischig
rotstielig und rotfleischig
Die rotstieligen Sorten eignen sich für Kuchen
am besten, da sie nicht so sauer sind.

Beim Einkauf beachten
Rhabarber muß fest und knackig sein, auch die Blätter
dürfen nicht welk aussehen.

Vorbereitung für Kuchen
Rhabarberstangen haben oft eine harte Schale, die sich
aber leicht abziehen läßt: Mit einem scharfen Messer
am unteren Ende die Stange bis zum Schalenansatz
durchtrennen und mit einem Ruck nach oben in
Richtung Blattansatz ziehen. Nur Schalenreste von
jungen Pflanzen können daranbleiben.
Für Kuchen und Torten den Rhabarber in etwa 2 bis 3 cm
lange Stücke schneiden. Da Rhabarber sehr viel Saft
zieht, empfiehlt es sich, ihn bei schwacher Hitze
ca. 10 Minuten vorzudünsten und den Saft dann
abzugießen.
Rhabarber darf nur in Edelstahl- oder in Emailletöpfen
gekocht werden. Durch die in ihm enthaltene
Oxalsäure kann er in Aluminiumtöpfen einen
unangenehmen Beigeschmack bekommen.

Rhabarber

Französischer Rhabarberstrudel

<u>Teig:</u> *2 P Tiefkühlblätterteig (je 300 g),
aufgetaut, zu Rechteck ausgewellt
(s. Seite 9). Backblech.*
<u>Füllung:</u> *1 kg Rhabarber, gewaschen,
geputzt, in Stücke geschnitten, mit
60 g Zucker, 2 EL Johannisbeergelee
und Saft von 1 Zitrone in ⅛ l Weißwein halbgar gedünstet, gut abgetropft * 1 TL Zimt * 3 EL Rosinen *
3 EL Haselnüsse, gemahlen.*
<u>Zum Bestreichen:</u> *1 Eigelb,
verquirlt.*
<u>Zum Bestreuen:</u> *2 EL Hagelzucker.*

Den Blätterteig auf das Backblech legen. Die Rhabarberstücke auf eine
Hälfte des Teigs häufen und verstreichen. Mit Zimt, Rosinen und Haselnüssen bestreuen. Die andere Teighälfte
darüberklappen, Ränder gut schließen
und fest andrücken. Mit dem Eigelb bestreichen und den Hagelzucker darüberstreuen.
Bei 220 °C 35 Minuten backen.
Heiß oder kalt mit halbfest geschlagener Sahne oder Vanillesauce servieren.

Rhabarber-Blätterteig-Pastete

<u>Teig:</u> *2 P Tiefkühlblätterteig
(je 300 g), aufgetaut (s. Seite 9).
Springform.*
<u>Belag:</u> *500 g Rhabarber, gewaschen,
geputzt, in Stücke geschnitten *
125 g Zucker, mit 1 TL Zimt vermischt.*
<u>Zum Bestreichen:</u> *1 Eigelb,
verquirlt.*

Aus dem Blätterteig zwei Teigplatten in
Springformgröße auswellen. Boden
und Rand der Form mit einer Teigplatte auslegen. Mit dem Rhabarber
belegen und mit Zucker und Zimt bestreuen. Mit der zweiten Teigplatte abdecken, die Ränder gut zusammen-
drücken, in die Mitte ein kleines Loch
schneiden, damit der Dampf entweichen kann. Mit Teigresten verzieren
und mit dem Eigelb bepinseln.
Bei 240 °C 30 Minuten backen.
Heiß oder kalt servieren. Dazu paßt
halbfest geschlagene Sahne.

Versunkener Rhabarberkuchen

<u>Teig:</u> *Eischwerteig (s. Seite 9).
Springform.*
<u>Belag:</u> *750 g Rhabarber, gewaschen,
geputzt, in Stücke geschnitten.*
<u>Verzierung:</u> *Puderzucker.*

Eischwerteig in die Springform füllen.
Die gut abgetropften Rhabarberstücke
daraufgeben und gleichmäßig über die
ganze Oberfläche verstreichen. Nicht
hineindrücken, sie versinken beim
Backen von selbst.
Bei 180 °C 30 Minuten, dann bei
200 °C 20 Minuten backen. Die Rhabarberstücke sinken beim Backen in
den Teig ein.
Den ausgekühlten Kuchen mit Puderzucker bestäuben.

~~~~~~~~~~~~~~~~~~~~~~

Abwandlung Statt Rhabarber können auch Kirschen, Aprikosen, Äpfel
verwendet werden.

~~~~~~~~~~~~~~~~~~~~~~

Rhabarber

Rhabarberkuchen mit Honigbaiser

Foto

Teig: Mürbteig (s. Seite 10),
mit 1 Prise Nelken und 1 Msp Zimt
zubereitet. Springform.
Belag: 1 kg Rhabarber,
geputzt, in Stücke geschnitten,
vorgedünstet, gut abgetropft.
Guß: Baiserguß (s. Seite 17),
mit 50 g Honig zubereitet.

Teig auf den Boden der Springform
geben, den Rand 3 cm hoch ziehen.
Mit dem Rhabarber belegen und
gleichmäßig flach verstreichen.
Bei 200 °C 40 Minuten backen.
Die Baisermasse auf den vorgebackenen Kuchen spritzen. Bei 140 °C weitere 15 Minuten backen.

Rhabarber-Mandeltorte

Teig: Mürbteig (s. Seite 10), in
Springform bei 200 °C 20 Minuten
blind gebacken.
Belag: 5 Eiweiß, mit 1 Prise Salz und
150 g Zucker steif geschlagen *
200 g Mandeln, gemahlen *
500 g Rhabarber, gewaschen, geputzt,
in Stücke geschnitten.

Mandeln und Rhabarber unter den Ei-
schnee ziehen. Die Masse auf den
Mürbteigboden streichen.
Bei 180 °C weitere 15 Minuten backen.

~~~~~~~~~~~~~~~~~~~~~~~~~~

Abwandlung An Stelle des Rhabarbers eignen sich auch Kirschen oder
Weintrauben.

~~~~~~~~~~~~~~~~~~~~~~~~~~

Rhabarber

Quark-Rhabarberkuchen

Teig: Mürbteig (s. Seite 10), in
Springform gegeben, Rand 3 cm hoch.
Belag: 100 g Butter * 150 g Zucker *
2 P Vanillinzucker * 2 Eier *
500 g Quark (20%), ausgepreßt *
80 g Speisestärke * 1 TL Backpulver * 500 g Rhabarber, gewaschen,
geputzt, in Stücke geschnitten.

Butter, Zucker, Vanillinzucker und Eier
schaumig rühren. Dann den Quark,
Speisestärke und Backpulver unterrühren. Die Rhabarberstücke unterheben,
auf den Mürbteigboden streichen.
Bei 180 °C 60 Minuten backen.

Rhabarber-Ingwerkuchen

Teig: Biskuitteig für Kuchenboden
(s. Seite 16), mit 1 TL gemahlenem
Ingwer zubereitet, gebacken, ausgekühlt.
Creme: 3 Eigelb * 100 g Zucker *
1 Msp Ingwer, gemahlen * Saft von
1 Zitrone * 4 Blatt weiße Gelatine,
eingeweicht * ³/₈ l Sahne, steif
geschlagen.
Belag: 750 g Rhabarber, gewaschen,
geputzt, in Stücke geschnitten, in
wenig Flüssigkeit halbgar gedünstet,
gut abgetropft.
Guß: 1 P Tortenguß, mit Raharber-
saft fertiggestellt.

Abwandlung Statt des Rhabarbers
kann man auch entsteinte Sauerkirschen verwenden. Oder man verwendet nicht zu säuerliche Äpfel, die in
dünne Spalten geschnitten und mit Rosinen vermischt werden. Nach Belieben können noch 2 EL Rum beigege-
ben werden.

Für die Creme Eigelb, Zucker, Ingwer
und Zitronensaft schaumig rühren und
erwärmen. Vom Herd nehmen und
die Gelatine darin auflösen. Kühl stellen. Sobald die Masse anfängt, fest zu
werden, die Sahne unterziehen. Die
Creme auf den Tortenboden streichen
und nochmals kühl stellen. Die Rhabarberstücke kreisförmig darauf verteilen und mit Tortenguß überziehen.

Rhabarber

Großmutters Rhabarberkuchen

Teig: _200 g Butter * 200 g Zucker *
1 P Vanillinzucker * 2 Eier *
100 g Zwieback, gemahlen *
150 g Mandeln, gemahlen *
3 Tropfen Bittermandelöl *
200 g Mehl, gesiebt * 1TL Zimt.
Springform, Backtrennpapier._
Belag: _1,5 kg Rhabarber, gewaschen,
geputzt, in Stücke geschnitten *
2 EL Himbeergelee._
Zum Bestreichen: _1 Eigelb, verquirlt._

Für den Teig die Butter schaumig rühren. Langsam Zucker, Vanillinzucker
und Eier unterrühren. Wenn die Masse
schaumig ist, die restlichen Zutaten unterrühren. Den Teig 30 Minuten zugedeckt kühl stellen.
Für den Belag den Rhabarber mit dem
Himbeergelee verrühren und bei
schwacher Hitze halbgar dünsten (er
darf nicht zerfallen), gut abtropfen
lassen.
Den Teig zwischen zwei Bögen Pergamentpapier auswellen. ⅔ des Teigs in
die Springform geben, am Rand 2 cm
hoch ziehen. Den Rhabarber darauflegen. Den restlichen Teig in Streifen
schneiden und gitterförmig auf den Kuchen legen. Teig mit dem Eigelb bepinseln.
Bei 200 °C 40 Minuten backen.

Rhabarberkuchen mit Weißwein

Teig: _3 Eier * 200 g Zucker *
⅛ l Weißwein * 100 g Butter,
zerlassen * 300 g Mehl, gesiebt
und mit 1 P Backpulver vermischt.
Springform, Backtrennpapier._
Belag: _500 g Rhabarber, gewaschen,
geputzt, in Stücke geschnitten._
Verzierung: _Puderzucker._

Für den Teig Eier und Zucker schaumig rühren. Wein und Butter unterrühren. Vorsichtig das Mehl unterheben.
Den Teig in eine Springform gießen
und mit den Rhabarberstücken belegen
(sie sinken beim Backen ein).
Bei 200 °C 45 Minuten backen.
Erkalten lassen und mit Puderzucker
bestäuben.

Abwandlung Statt Rhabarber eignen sich auch Aprikosen, Kirschen
oder Mirabellen.

**Weitere Rezepte für Rhabarber
(s. Abwandlungen)**

Erdbeeren

Die Handelsklassen (Extra, I, II und III) sagen nichts über den Geschmack der Früchte aus, sondern nur über ihren äußeren Zustand. Oft schmecken die großen Beeren hohl und wäßrig, die kleinen sind oft aromatischer.

Beim Einkauf beachten

Erdbeeren dürfen nicht feucht sein wegen der Gefahr des Schimmelns. Aromatische Sorten sind meist nicht lange lagerfähig, sie werden auf Erdbeerfeldern zum Selbstpflücken angeboten.

Vorbereitung für Kuchen

Erdbeeren nur kurz waschen, u. z. in einer Schüssel in stehendem Wasser. Dann erst die Stiele abzupfen. Größere Beeren halbieren, kleinere ganz lassen. Einige besonders schöne Früchte zum Verzieren übrig lassen. Um das Aroma zu intensivieren, kann man Erdbeeren vor dem Belegen mit Zucker bestäuben und eventuell mit wenig Zitronensaft, Cointreau, Rum oder Portwein parfümieren, zugedeckt 1 Stunde ziehen lassen. Den Saft abgießen und für den Tortenguß verwenden. Tiefgekühlte Erdbeeren sollten vor dem Belegen noch nicht vollständig aufgetaut sein. Durch den heißen Tortenguß tauen sie rasch auf und behalten ihre schöne Farbe.

Erdbeerschichttorte

Teig: Doppeltes Rezept Mürbteig
(s. Seite 10). Springform.
Creme: 750 g Erdbeeren, gewaschen,
geputzt, püriert (einige besonders
schöne Früchte zum Verzieren
übriglassen) * 1 EL Zitronensaft *
1 P Vanillinzucker * 4 Blatt weiße und
4 Blatt rote Gelatine, eingeweicht,
warm aufgelöst * ³/₈ l Sahne, steif
geschlagen.
Verzierung: 4 EL Puderzucker *
¹/₈ l Sahne, mit 2 EL Puderzucker,
gesiebt, steif geschlagen * einige
ganze Erdbeeren.

Aus dem Teig nacheinander 5 dünne
Böden goldgelb backen. Auskühlen
lassen.
Für die Creme Erdbeerpüree, Zitronensaft und Vanillinzucker verrühren.
Unter die aufgelöste Gelatine rühren.
Kalt stellen. Sobald die Creme anfängt,
fest zu werden, die Schlagsahne unterheben. Kühl stellen.
Den untersten Boden auf eine Tortenplatte legen, mit einem Teil der Creme
bestreichen (die Creme vorher in 4 Por-
tionen teilen, damit alle Böden gleichmäßig bestrichen werden). Den zweiten Boden darauflegen, bestreichen
und so weiterverfahren. Den letzten
Boden nicht bestreichen. Die Böden
nicht ganz bis zum Rand bestreichen,
damit die Creme nicht herausquillen
kann. Die Böden leicht andrücken und
am besten einen Tag kühl stellen, damit die Torte gut durchziehen kann.
Den Puderzucker über den letzten Boden sieben, mit Sahne und Erdbeeren
verzieren.

Abwandlung Statt der Erdbeeren
eignen sich auch sehr gut Himbeeren.
Die einzelnen Böden dann mit etwas
Himbeergeist beträufeln.

Tips Die einzelnen Mürbteigböden
mit etwas Alkohol (Cointreau, Rum
etc.) beträufeln.
Diese Torte eignet sich sehr gut zum
Einfrieren (Haltbarkeit ca. 3 Monate).
Dann aber erst nach dem Auftauen mit
Puderzucker bestäuben und verzieren.
Sehr gut schmeckt die Torte auch als
Eistorte, wenn die Creme noch leicht
gefroren ist.

Erdbeeren

Erdbeer-Weincremetorte

Teig: *Mürbteig (s. Seite 10),
in einer Springform blind gebacken,
ausgekühlt.*
Creme: *4 Eigelb * 100 g Zucker *
¼ l Weißwein * Saft von 1 Zitrone *
6 Blatt weiße Gelatine, eingeweicht,
warm aufgelöst * ¼ l Sahne, steif geschlagen.*
Belag: *750 g Erdbeeren, gewaschen,
geputzt.*
Guß: *1 P klarer Tortenguß, mit halb
Wasser, halb Weißwein fertiggestellt.*

Für die Creme Eigelb und Zucker
schaumig schlagen. Langsam Weißwein und Zitronensaft unterrühren. Zu
der aufgelösten Gelatine geben und
kühl stellen. Sobald die Creme etwas
fest wird, die Sahne unterheben.
Nochmals kühl stellen. Die Creme auf
den Mürbteigboden streichen, mit den
gut abgetropften Erdbeeren belegen
und den Tortenguß darübergeben.

Für die Creme Eigelb und Zucker
schaumig rühren. Vanillinzucker, Zitronenschale und -saft und Portwein zufügen. Zu der aufgelösten Gelatine
geben und kühl stellen. Sobald die
Creme anfängt, fest zu werden, Quark
und Schlagsahne unterziehen.
Die Creme auf den Biskuitboden streichen, mit den Erdbeeren belegen und
den Tortenguß daraufstreichen.

Erdbeer-Zitronenkuchen

Teig: *Biskuitteig für Kuchenboden
(s. Seite 16), in einer Springform
gebacken, ausgekühlt.*
Creme: *3 Eigelb * 100 g Zucker *
1 P Vanillinzucker * abgeriebene
Schale und Saft von 1 Zitrone *
2 EL Portwein * 6 Blatt weiße Gelatine, eingeweicht, warm aufgelöst *
200 g Sahnequark (40%) *
⅛ l Sahne, steif geschlagen.*
Belag: *750 g Erdbeeren, gewaschen,
geputzt, gut abgetropft.*
Guß: *1 P Tortenguß, fertiggestellt.*

Erdbeerkuchen
mit Frischkäse

Teig: *Hanfteig (s. Seite 11), in einer
Springform gebacken, ausgekühlt.*
Creme: *1 P Frischkäse (200 g) *
2 EL Zucker * 4 EL Sahne.*
Belag: *3 EL Arrak * 750 g Erdbeeren,
gewaschen, geputzt, abgetropft.*
Guß: *1 P Tortenguß, fertiggestellt.*

Für die Creme Frischkäse, Zucker und
Sahne cremig rühren.
Den Mürbteigboden mit Arrak beträufeln, die Creme daraufstreichen, mit
den Erdbeeren belegen und den Tortenguß darübergeben.
Mit Schlagsahne servieren.

Erdbeeren

Erdbeer-Joghurttorte

Teig: *Biskuitteig für Torte (s. Seite 15),
in einer Springform gebacken, ausgekühlt, 1mal geteilt.*
Creme I: *2 Becher Vollmilchjoghurt *
60 g Zucker * 1 P Vanillinzucker *
1/4 l Sahne, steif geschlagen *
5 Blatt weiße Gelatine, eingeweicht,
warm aufgelöst * 250 g Erdbeeren,
gewaschen, geputzt, in Stücke
geschnitten.*
Creme II: *250 g Erdbeeren,
gewaschen, geputzt, püriert *
30 g Zucker * Saft von 1 Zitrone *
4 Blatt rote Gelatine, eingeweicht,
warm aufgelöst.*
Verzierung: *1/8 l Sahne, mit
1 TL Zucker steif geschlagen *
einige ganze Erdbeeren.*

Für die Creme I Joghurt, Zucker und
Vanillinzucker verrühren. Zu der aufgelösten Gelatine rühren und kühl stellen. Sobald die Creme anfängt, fest zu
werden, die Schlagsahne und die Erdbeeren unterziehen. Kühl stellen.
Für die Creme II Erdbeerpüree, Zucker
und Zitronensaft glatt rühren. Unter die
aufgelöste Gelatine ziehen und kühl
stellen.
Den unteren Biskuitboden auf eine Tortenplatte legen und mit der Creme I bestreichen. Den zweiten Boden darauflegen und mit Creme II bestreichen. Im
Kühlschrank gut durchziehen lassen.
Mit Schlagsahne und Erdbeeren hübsch
verzieren.
Für Sahneverzierungen gibt es Anregungen (s. Seite 14), die sich alle zum
Dekorieren mit Obst eignen.

Erdbeeren

Erdbeer-Baisertorte

<u>Teig</u>: *5 Eiweiß, mit 1 Prise Salz,
1 TL Essig und 250 g Puderzucker
im Wasserbad sehr steif geschlagen
(s. Seite 16). Backblech, mit
Backtrennpapier ausgelegt.*
<u>Creme</u>: *500 g Erdbeeren, gewaschen,
geputzt, püriert * 100 g Zucker *
6 Blatt weiße Gelatine, eingeweicht,
warm aufgelöst * ⅛ l Sahne,
steif geschlagen.*
<u>Verzierung</u>: *Puderzucker *
einige halbierte Erdbeeren.*

Aus der Baisermasse nacheinander 3
Böden (24, 23, 22 cm ∅) auf das
Backtrennpapier spritzen.
Bei 100 °C 80 Minuten backen. Auskühlen lassen.
Für die Creme die Erdbeeren mit dem
Zucker verrühren und unter die aufgelöste Gelatine rühren. Kühl stellen. Sobald die Creme anfängt, fest zu werden, die Schlagsahne unterheben. Die
Creme zwischen die Baiserböden streichen, den obersten Boden mit Puderzucker übersieben und mit den Erdbeeren belegen.

Abwandlung Statt Erdbeeren Himbeeren nehmen. Schlagsahne nach Belieben mit Himbeergeist parfümieren.
Tip Für Eilige: Die Baiserböden nur
mit steifgeschlagener Sahne und klein-
geschnittenen Erdbeeren füllen.

**Weitere Rezepte für Erdbeeren
(s. Abwandlungen)**

Kirschen

Süßkirschen

Herzkirschen Groß, dunkelrot bis schwärzlich, sehr süß und fruchtig, Stein läßt sich leicht lösen.
Knorpelkirschen Hellrot bis gelbrot, süß, knackig, aromatisch, saftig, Stein läßt sich schwer lösen.

Sauerkirschen

Schattenmorellen Leuchtend rot, herb, säuerlich, Stein läßt sich leicht lösen.
Weichselkirschen Dunkelrot, kräftig im Geschmack, Stein läßt sich leicht lösen.

Glaskirschen

Mischung aus Süß- und Sauerkirschen, hellrot, fast durchscheinend, Stein läßt sich leicht lösen.

Beim Einkauf beachten

Kirschen sollen trocken sein, feuchte faulen sehr schnell. Süßkirschen sollten, Sauerkirschen müssen Stiele haben.

Vorbereitung für Kuchen

Kirschen waschen, mit Küchentuch abtrocknen, erst dann Stiele entfernen, entsteinen.
Weich dünsten 500 g Kirschen vorbereiten, mit den Steinen, 2 EL Zucker und 1 Zimtstange in $\frac{1}{4}$ l Wasser gar dünsten, abtropfen lassen, Kirschsteine und Zimtstange entfernen.

Kirschen

Holländische Kirschtorte

Teig: *2 P Tiefkühlblätterteig
(je 300 g), aufgetaut (s. Seite 9).
Springform.*
Füllung: *1 Glas Schattenmorellen
(720 ml), gut abgetropft *
¾ l Sahne, mit 80 g Puderzucker
und 2 EL Kirschwasser
steif geschlagen *
6 Blatt weiße Gelatine, eingeweicht,
warm aufgelöst.*
Verzierung: *70 g Aprikosenmarmelade,
erwärmt * 80 g Puderzucker,
gesiebt und mit wenig Kirschsaft
glatt gerührt * ⅛ l Sahne,
mit 1 TL Puderzucker steif
geschlagen * einige Kirschen.*

Aus dem Blätterteig nacheinander drei gleich große Böden backen, erkalten lassen.

Für die Füllung die Sahne unter die leicht abgekühlte Gelatine ziehen, kühl stellen.

Eine Tortenplatte mit breiten Papierstreifen abdecken. Den ersten Blätterteigboden auf die Tortenplatte legen und mit den gut abgetropften Kirschen belegen. Mit ⅓ der Sahne bestreichen. Den zweiten Boden darauflegen und mit der restlichen Sahne bestreichen. Mit dem dritten Boden abdecken. Diesen Boden mit der glatt verrührten Marmelade aprikotieren und mit Puderzucker glasieren. Mit Sahne und Kirschen verzieren.

Kirschen

Kirschkuchen auf Quarkblätterteig

Teig: Quarkblätterteig (s. Seite 9),
in Springform gegeben,
Rand 3 cm hoch gezogen.
Belag: 1 kg Sauerkirschen, gewaschen,
Stiele abgezupft, entsteint,
mit 2 Likörgläsern Maraschino
halbgar gedünstet, abgetropft *
¹/₄ l des Kirschsafts *
3 EL Vanillepudingpulver,
mit 2 EL des Kirschsafts und
2 EL Zucker angerührt.
Guß: 2 Eiweiß, mit 1 Prise Salz
und 2 EL Zucker steif geschlagen.

Für den Belag den Kirschensaft aufkochen, das angerührte Puddingpulver zugeben und unter Rühren kurz dicklich kochen. Abkühlen lassen und die Kirschen untermischen. Auf dem Kuchenboden verteilen.
Bei 200 °C 20 Minuten backen.
Den Guß darauf verteilen und weitere 10 Minuten backen.

Kirschkuchen mit Quarkguß

Teig: Mürbteig (s. Seite 10),
in Springform gegeben,
Rand 3 cm hoch gezogen.
Belag: 750 g Kirschen, gewaschen,
Stiele entfernt, entsteint.
Guß: 250 g Magerquark *
¹/₈ l Sahne * 100 g Zucker *
1 P Vanillinzucker * ¹/₂ TL Zimt *
2 Eigelb * 1 EL Speisestärke *
2 Eiweiß, mit 1 Prise Salz steif
geschlagen.

Kirschen auf den Mürbteigboden geben. Für den Guß alle Zutaten glatt rühren, zum Schluß den Eischnee unterziehen. Auf dem Kuchen verteilen.
Bei 200 °C 45 Minuten backen.

Zimt-Kirschkuchen

Teig: Mürbteig (s. Seite 10), mit
2 TL Zimt zubereitet, in Springform
gegeben, Rand 2 cm hoch gezogen.
Belag: 500 g Kirschen * 3 Eigelb *
150 g Zucker * 2 TL Zimt *
¹/₈ l Sahne * 200 g Mandeln,
gemahlen * 4 Stück Zwieback,
gemahlen * 50 g Zitronat, fein
gewürfelt * 1 Msp Backpulver *
3 Eiweiß, mit 1 Prise Salz steif
geschlagen.

Kirschen auf den Mürbteigboden geben. Eigelb und Zucker schaumig schlagen, langsam die übrigen Zutaten unterrühren, zum Schluß den Eischnee unterziehen. Auf die Kirschen streichen.
Bei 200 °C 40 Minuten backen.

Abwandlung Statt Kirschen eignen sich auch Rhabarber oder Mirabellen.

Kirschen

Kirschkuchen mit Haselnußguß

Teig: Hanfteig (s. Seite 11),
in Springform gegeben,
Rand 3 cm hoch gezogen.
Belag: 750 g Kirschen, gewaschen,
Stiele entfernt, entsteint.
Guß: 3 Eigelb * 150 g Zucker *
1 P Vanillinzucker * 3 EL saure
Sahne * 100 g Haselnüsse, geröstet,
gemahlen * 3 Eiweiß, mit 1 Prise Salz
steif geschlagen.

Die Kirschen auf dem Hanfteigboden
verteilen. Für den Guß Eigelb, Zucker
und Vanillinzucker schaumig rühren.
Saure Sahne und Haselnüsse unterrühren. Zum Schluß den Eischnee unterziehen. Auf den Kirschen verteilen.
Bei 200 °C 40 Minuten backen.

Abwandlung Statt Kirschen eignen
sich Rhabarber, Pfirsiche, Aprikosen,
Mirabellen, Pflaumen, Äpfel.

Englische Kirschpie mit Marzipangitter

Teig: ½ Rezept Pieteig (s. Seite 11),
in Pieform gegeben, Rand 2 cm hoch.
Belag: 80 g Zwieback, gemahlen *
1 kg Sauerkirschen, gewaschen, Stiele
entfernt, entsteint, in ⅛ l Weißwein
mit 150 g Zucker und 1 Zimtstange
halbgar gedünstet, gut abgetropft *
200 g Marzipanrohmasse,
mit 50 g Puderzucker und 1 Eigelb
verknetet.

Den Pieteig mit Zwiebackmehl bestreuen. Mit den Kirschen belegen.
Bei 220 °C 20 Minuten backen.
Die Marzipanmasse in einen Spritzbeutel füllen und auf die Pie ein Gitter
spritzen.
Bei 180 °C weitere 15 Minuten
backen.

Schwäbischer Kirschenkuchen

Teig: Hefeteig (s. Seite 13), auf ein
Backblech ausgewellt, 10 Minuten
gegangen.

Belag: 500 g Kartoffeln, am Vortag
gekocht, fein gerieben * 2 Eier *
150 g saure Sahne * 1 EL Speisestärke * 1 Prise Salz * 120 g Zucker *
¼ l Milch * 750 g Kirschen, gewaschen, Stiele entfernt, entsteint.

Für den Belag alle Zutaten gut miteinander verrühren, zum Schluß die Kirschen unterziehen. Auf dem Hefebo-
den verteilen.
Bei 200 °C 40 Minuten backen.
Entweder warm mit halbfest geschlagener Sahne oder kalt, mit Puderzucker
bestreut, servieren.

Schwarzwälder Kirschtorte

Teig: *6 Eier* * *4 EL lauwarmes Wasser* * *200 g Zucker* * *170 g Mehl, gesiebt und mit 2 TL Backpulver und 100 g Speisestärke vermischt* * *60 g Kakaopulver* * *100 g Butter, zerlassen, abgekühlt* * *1 Likörglas Kirschwasser. Springform, Backtrennpapier.*

Füllung: *3/8 l Kirschsaft* * *20 g Speisestärke* * *1 Glas (720 ml) Schattenmorellen oder 750 g frische Kirschen, gewaschen, Stiele entfernt, entsteint, in 1/8 l Wasser gar gedünstet, gut abgetropft* * *1/2 l Sahne, mit 3 EL Zucker, 1 Likörglas Kirschwasser und Sahnefestiger steif geschlagen, kalt gestellt.*

Verzierung: *12 ganze Kirschen* * *100 g Borkenschokolade.*

Für den Teig die Eier mit dem Wasser dickschaumig schlagen. Zucker unterschlagen, bis er vollständig aufgelöst ist. Mehlgemisch und Kakao unterrühren und zuletzt die Butter und das Kirschwasser zugeben.

Bei 200 °C 35 Minuten backen.

Auskühlen lassen und den Boden 2mal teilen.

Für die Füllung Kirschsaft mit Speisestärke unter Rühren erhitzen, kurz aufkochen lassen. Die Kirschen zufügen und abkühlen lassen.

Die Kirschen auf dem untersten Boden verteilen und mit 1/4 der Sahne bestreichen. Den zweiten Boden darauflegen und mit 1/4 der Sahne bestreichen. Mit dem dritten Boden abdecken und diesen und den Rand der Torte mit der restlichen Sahne bestreichen. Mit Schlagsahnetupfen und Kirschen verzieren. Mit Schokoladeraspeln bestreuen.

Kirschen

Kirschstrudel   Foto

Teig: Strudelteig (s. Seite 18).
Backblech, Backtrennpapier.
Füllung: 30 g Butter, zerlassen *
1 Becher (150 g) saure Sahne *
50 g Semmelbrösel * 70 g Mandel-
blättchen * 1 kg Kirschen, gewaschen,
Stiele entfernt, entsteint * 80 g Zucker.
Zum Bestreichen: 20 g Butter,
zerlassen.
Verzierung: 40 g Mandelblättchen.

Den Strudelteig auf einem bemehlten
Küchentuch sehr dünn ausrollen, mit
den Händen weiter ausziehen. Mit Butter bepinseln und mit saurer Sahne bestreichen. Mit Semmelbröseln und
Mandelblättchen bestreuen. Die Kirschen darauf verteilen und überzuk-
kern. Strudel durch vorsichtiges Anheben des Tuchs aufrollen und auf das
Blech gleiten lassen.
Bei 200 °C 50 Minuten backen.
Mit der Butter bepinseln, mit den Mandelblättchen bestreuen, weitere 7 Minuten backen, schmeckt heiß und kalt.

Altbayerischer Kirschenkuchen

Teig: 5 Eier * 100 g Zucker *
1 P Vanillinzucker * 2 TL Zimt *
150 g altbackenes Weißbrot, fein gerieben * 65 g Mandeln, gemahlen *
1/8 l Weißwein * 500 g Kirschen,
gewaschen, Stiele entfernt, entsteint.
Springform, Backtrennpapier.
Guß: 150 g Puderzucker, gesiebt *
3 EL Weißwein * 40 g Mandelblättchen, geröstet.

Eier, Zucker und Vanillinzucker schaumig rühren. Zimt, Weißbrot und Mandeln unterrühren. In eine Springform
gießen, mit dem Wein beträufeln und
die Kirschen darauf verteilen.
Bei 180 °C 45 Minuten backen. Erkalten lassen.
Für den Guß Puderzucker mit Weißwein glatt rühren und über den Kuchen
streichen. Mit den Mandelblättchen bestreuen.

Grieß-Kirschkuchen

3/4 l Milch * 200 g Zucker *
200 g Hartweizengrieß *
100 g Butter * 120 g Mandeln,
gemahlen * 1 TL Zimt * 5 Eigelb *
1 kg Kirschen, gewaschen,
Stiele entfernt, entsteint * 5 Eiweiß,
mit 1 Prise Salz steif geschlagen.
Springform, Backtrennpapier.

Die Milch zum Kochen bringen. Zucker
und Grieß einrühren und einen dicken
Brei kochen. Vom Herd nehmen und
Butter, Mandeln, Zimt und Eigelb unterrühren. Auskühlen lassen. Die Kirschen untermengen und zum Schluß
den Eischnee vorsichtig unterheben. In
die Springform füllen.
Bei 200 °C 60 Minuten backen.

Oben: Apfel-Rahmstrudel, Rezept Seite 78
Unten: Kirschstrudel

38

Kirschen

Großmutters Kirschkuchen

*5 Eigelb * 200 g Zucker * 130 g alt-
backenes Schwarzbrot, gerieben, mit
2 EL Rum und ⅛ l Weißwein über-
gossen * ½ TL Zimt * 60 g Mandeln,
gemahlen * 20 g Zitronat und
20 g Orangeat, gewürfelt *
1 kg Kirschen, gewaschen, Stiele
entfernt, entsteint * 5 Eiweiß,
mit 1 Prise Salz steif geschlagen.
Springform, Backtrennpapier.*

Eigelb und Zucker schaumig rühren.
Das eingeweichte Brot zu der Eimasse
geben. Zimt, Mandeln, Zitronat, Oran-
geat und Kirschen unterrühren. Zum
Schluß den Eischnee unterziehen.
Bei 200 °C 60 Minuten backen.

Schokoladen-Kirschkuchen

*150 g Butter * 150 g Zucker *
4 Eigelb * 120 g Zartbitterschokolade,
gerieben * 1 TL Zimt * 2 EL Rum *
125 g Mandeln, gemahlen *
125 g Mehl, gesiebt und mit
1 TL Backpulver vermischt *
1 kg Kirschen, gewaschen, Stiele
entfernt, entsteint * 4 Eiweiß,
mit 1 Prise Salz steif geschlagen.
Springform, Backtrennpapier.*

Butter, Zucker und Eigelb schaumig
rühren. Schokolade, Zimt, Rum, Mandeln und das Mehl unterrühren. Die
Kirschen untermengen. Zum Schluß
den Eischnee unterheben.
Bei 200 °C 50 Minuten backen.

Quark-Kirschstollen

<u>Teig:</u> *3 Eier * 125 g Zucker *
1 Prise Salz * 2 EL Kirschwasser *
250 g Magerquark, ausgepreßt *
500 g Mehl, gesiebt und mit
1 P Backpulver vermischt. Backblech,
Backtrennpapier.*
<u>Füllung:</u> *750 g Kirschen, gewaschen,
Stiele entfernt, entsteint *
80 g Mandelstifte * 2 TL Zimt *
100 g Zucker.*
<u>Zum Bestreichen:</u> *50 g Butter,
zerlassen * 3 EL Zucker,
mit 2 TL Zimt
vermischt.*

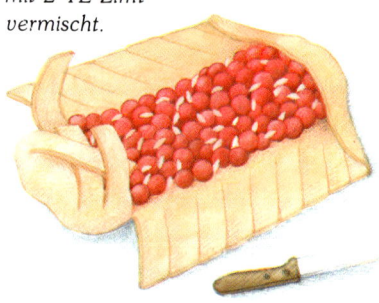

Für den Teig Eier, Zucker, Salz und
Kirschwasser verquirlen. Magerquark
und Mehl darunterkneten und 30 Minuten kühl stellen. Auf einem bemehlten Backblech zu einem Rechteck auswellen.
Die Kirschen auf einen Streifen in der
Mitte des Teigs geben, mit Mandelstiften, Zimt und Zucker bestreuen.
Rechts und links der Füllung Streifen in
den Teig schneiden und über Kreuz
zusammenlegen.
Bei 180 °C 50 Minuten backen.
Den heißen Stollen mit der Butter
bestreichen und mit Zimt-Zucker bestreuen.

Kirschen

Kirschkuchen Bigarreau

Teig: *3 Eier * 1 Eigelb **
*140 g Zucker * 1 Prise Salz **
125 g Mehl, gesiebt. Springform,
Backtrennpapier.
Füllung: *¼ l Sahne, mit 1 TL Zucker,*
1 P Vanillinzucker, Sahnefestiger und
*2 EL Kirschwasser steif geschlagen **
2 EL Mandeln, gehackt, geröstet.
Belag: *3 EL Aprikosenmarmelade **
*3 EL Johannisbeergelee **
*2 EL Zitronensaft * 750 g Kirschen,*
gewaschen, Stiele entfernt, entsteint,
mit 2 EL Zucker und 1 Zimtstange
in ¼ l Weißwein gar gedünstet,
abgetropft, erkaltet.

Für den Teig Eier, Eigelb, Zucker und Salz dickschaumig rühren. Das Mehl unterheben und in die Springform geben.
Bei 200 °C 30 Minuten backen.
Erkalten lassen und 1mal teilen.
Für die Füllung die Mandeln unter die Sahne heben und zwischen die Kuchenböden streichen.
Für den Belag Aprikosenmarmelade, Johannisbeergelee und Zitronensaft glatt rühren und erwärmen. 2 EL davon auf den oberen Boden streichen. Dicht mit den Kirschen belegen. Die restliche Marmelade nochmals erwärmen und mit einem Pinsel über die Kirschen streichen.

Kirschen

Kirschkuchen mit Cornflakes

Teig: 50 g Butter * 120 g Cornflakes *
250 g Mehl, gesiebt und mit
1 Msp Backpulver vermischt *
½ TL Salz * ⅛ l Milch * 1 Eigelb.
Springform, Backtrennpapier.
Belag: 500 g Kirschen, gewaschen,
Stiele entfernt, entsteint * 1 TL Zimt *
1 Msp Muskat * 150 g Zucker.
Zum Bestreichen: 1 Eigelb, verquirlt *
3 EL Zucker, mit 1 TL Zimt vermischt.

Für den Teig Butter, Cornflakes, Mehl,
Salz, Milch und Eigelb gut verrühren.
30 Minuten kalt stellen. Mit der Hälfte
des Teigs die Springform auslegen,
Rand 2 cm hoch ziehen.
Mit den Kirschen belegen, mit den

Gewürzen und Zucker bestreuen. Mit
dem restlichen Teig abdecken. Die
Teigoberfläche mit einer Gabel mehrfach einstechen, damit der Dampf entweichen kann. Eventuell aus Teigresten Ornamente schneiden und damit
verzieren. Oberfläche und Ornamente
mit dem Eigelb bestreichen und den
Zimt-Zucker darüberstreuen.
Bei 200 °C 45 Minuten backen.
Heiß oder kalt mit steifgeschlagener
Sahne, nach Belieben mit Kirschgeist
aromatisiert, servieren.

Abwandlung Statt Kirschen eignen
sich auch Rhabarber, Mirabellen,
Apfelschnitze.

**Weitere Rezepte für Kirschen
(s. Abwandlungen)**

Johannisbeeren

Rote Johannisbeeren werden am häufigsten angeboten.
Sie sind erfrischend säuerlich im Geschmack.
Schwarze Johannisbeeren sind am vitaminreichsten und
haben einen intensiven, herben, kräftigen Geschmack.
Weiße Johannisbeeren werden sehr selten angeboten.
Sie schmecken mild und sehr süß.

Beim Einkauf beachten
Johannisbeeren dürfen nicht feucht sein, sie schimmeln
sonst sehr schnell. Sie müssen immer noch an den
Rispen sein.

Vorbereitung für Kuchen
Waschen, in einem Sieb gut abtropfen lassen. Mit einer
Gabel von den Rispen streifen und schlechte Beeren
entfernen. Nie pürieren, die zerschlagenen Kerne
schmecken bitter. Johannisbeeren ziehen beim Backen
viel Saft, deshalb den Boden zuerst mit Semmelbröseln
oder gemahlenen Mandeln bestreuen.

Johannisbeeren

Schwäbischer Träubleskuchen

Teig: Mürbteig (s. Seite 10),
in Springform gegeben,
Rand 3 cm hoch gezogen.
Belag: 5 Eigelb * 200 g Zucker *
1 P Vanillinzucker * 1 Becher (150 g)
saure Sahne * 1 EL Speisestärke *
100 g Mandeln, gemahlen *
750 g rote Johannisbeeren,
gewaschen, abgezupft *
5 Eiweiß, mit 1 Prise Salz
steif geschlagen.

Eigelb, Zucker und Vanillinzucker
schaumig schlagen. Saure Sahne,
Speisestärke und Mandeln unterrühren. Johannisbeeren und Eischnee unterziehen und auf den gut gekühlten (!)
Mürbteigboden streichen.
Bei 200 °C 50 Minuten backen.

Abwandlung Statt Johannisbeeren
eignen sich auch entkernte Weintrauben sehr gut.

Johannisbeerkuchen mit Zimtmarzipan

Teig: Mürbteig (s. Seite 10),
²/₃ in Springform gegeben,
Rand 2 cm hoch gezogen.
Belag: 100 g Marzipanrohmasse,
mit 1¹/₂ TL Zimt, 2 EL Puderzucker
und 1 EL Zitronensaft verknetet *
500 g schwarze Johannisbeeren,
gewaschen, abgezupft * 1 Eigelb,
verquirlt.

Die Marzipanrohmasse zwischen zwei
Bögen Pergamentpapier dünn auswel-
len und auf den Mürbteigboden legen.
Die Johannisbeeren darauf verteilen.
Aus dem restlichen Teig Streifen
schneiden und gitterförmig auf die
Beeren legen. Die Teigstreifen mit dem
Eigelb bestreichen.
Bei 200 ° C 40 Minuten backen.

Schwäbischer Johannisbeerkuchen mit Baiserguß   Foto

Teig: Doppeltes Rezept Mürbteig
(s. Seite 10), auf Backblech gegeben,
Rand hoch gezogen.
Belag: 6 Eiweiß, mit 1 Prise Salz und
200 g Zucker sehr steif geschlagen *
125 g Mandeln, gemahlen *
500 g rote Johannisbeeren,
gewaschen, abgezupft.

Die Mandeln unter den Eischnee ziehen. Die Masse halbieren. Unter eine
Hälfte die Johannisbeeren ziehen und
auf den Mürbteigboden streichen. Mit
der restlichen Baisermasse abdecken.
Bei 200 °C 50 Minuten backen.

Abwandlung Statt Johannisbeeren
eignen sich auch Stachelbeeren, Kirschen oder Weintrauben.

Johannisbeeren

Quark-Johannisbeer-schnitten

Teig: Biskuitteig für Torte (s. Seite 15), auf ein mit Backtrennpapier belegtes Backblech gestrichen, goldgelb gebacken, ausgekühlt, in 2 gleich große Platten geschnitten.
Füllung: 500 g Sahnequark (40%) * Saft von 1 Zitrone * 150 g Zucker * 6 Blatt weiße Gelatine, eingeweicht, warm aufgelöst * 750 g rote Johannisbeeren, gewaschen, abgezupft.
Verzierung: Puderzucker.

Für die Füllung Quark, Zitronensaft und Zucker glattrühren. Langsam unter die leicht abgekühlte Gelatine rühren. Die Johannisbeeren unterziehen. 1 Stunde kühl stellen.
Masse gleichmäßig auf eine Teigplatte streichen und mit der zweiten Teigplatte abdecken, vorsichtig andrücken. Mit Puderzucker übersieben und dann mit einem scharfen Messer in Rechtecke schneiden.

Johannisbeerkuchen mit Haferflocken

Teig: 250 g Butter * 200 g Zucker * 1 P Vanillinzucker * 5 Eier * 200 g Mehl, gesiebt und mit ½ P Backpulver vermischt * 1 Prise Salz * 250 g zarte Haferflocken. Backblech, Backtrennpapier.
Belag: 1,2 kg rote Johannisbeeren, gewaschen, abgezupft * 100 g Zucker, mit ½ P Vanillinzucker und 80 g Haferflocken vermischt.

Für den Teig Butter, Zucker, Vanillinzucker und Eier schaumig rühren. Mehl, Salz und Haferflocken unterrühren. Auf das Backblech streichen und 30 Minuten kühl stellen.
Die Johannisbeeren darauf verteilen und mit der Zucker-Haferflockenmischung bestreuen.
Bei 200 °C 45 Minuten backen.

Abwandlung Statt Johannisbeeren eignen sich auch Kirschen oder Pflaumen.

Johannisbeer-Nußtorte

Teig: 2 Eigelb * 60 g Zucker * 100 g Marzipanrohmasse * 4 Eiweiß, mit 1 Prise Salz und 80 g Zucker steif geschlagen * 100 g Mehl, gesiebt * 80 g Haselnüsse, geröstet, gemahlen * 40 g Butter, zerlassen. Springform, Backtrennpapier.
Füllung: 3/8 l Sahne, mit 3 EL Zucker, 2 EL Crème de Cassis und Sahnefestiger steif geschlagen * 250 g schwarze Johannisbeeren, gewaschen, abgezupft.
Verzierung: Puderzucker * 1/8 l Sahne, mit 1 TL Zucker steif geschlagen * einige ganze, geröstete Haselnüsse.

Für den Teig Eigelb, Zucker und Marzipanrohmasse schaumig schlagen. Den Eischnee darauf verteilen und mit Mehl und Haselnüssen unterheben. Zum Schluß die abgekühlte Butter unterziehen. In die Springform füllen.

Johannisbeeren

Verzierung: *100 g Puderzucker, mit 1 TL in wenig Wasser aufgelöstem Pulverkaffee glatt gerührt* ∗ *¹⁄₈ l Sahne, mit 1 TL Zucker steif geschlagen.*

Für den Teig die Mandeln unter den Eischnee ziehen, die Masse halbieren, jeweils in die Springform streichen. Nacheinander 2 Böden bei 160 °C in ca. 50 Minuten backen. Auskühlen lassen.
Für die Füllung die Beeren unter die Sahne ziehen und zwischen die Böden streichen.
Den oberen Boden mit dem Puderzucker glasieren und mit Sahnetupfen verzieren.

Bei 180 °C 25 Minuten backen. Erkalten lassen und 1mal teilen.
Für die Füllung die Johannisbeeren unter die Sahne ziehen und zwischen die Böden streichen. Den oberen Boden mit Puderzucker übersieben und mit Schlagsahne und Haselnüssen verzieren. Hierfür gut geeignet ist das Spritzen von Rosetten (s. Seite 14), in die die Nüsse hineingedrückt werden.

Johannisbeer-Makronenkuchen

Teig: *4 Eiweiß, mit 1 Prise Salz, 2 Tropfen Bittermandelaroma und 200 g Puderzucker steif geschlagen* ∗ *150 g Mandeln, gemahlen.*
Springform, Backtrennpapier.
Füllung: *¹⁄₄ l Sahne, mit 2 EL Zucker, Sahnefestiger und 1 EL Arrak steif geschlagen* ∗ *250 g rote Johannisbeeren, gewaschen, abgezupft.*

Weitere Rezepte für Johannisbeeren (s. Abwandlungen)

Seite 49 Stachelbeer-Rahmkuchen
Seite 85 Traubenkuchen mit Baiserhaube

Stachelbeeren

Grüne Stachelbeeren haben einen kräftigen, säuerlich erfrischenden Geschmack.
Rote Stachelbeeren sind süßer, milder, nicht so aromatisch.

Beim Einkauf beachten

Stachelbeeren dürfen auf keinen Fall aufgeplatzt sein, sie schmecken sonst sehr wäßrig. Stiele und Blütenansätze sollen noch an der Frucht sein. Stachelbeeren gibt es in verschiedenen Reifestadien zu kaufen: Unreife für Marmelade, halbreife für Kuchen und reifere Stachelbeeren zum Rohessen. Unreife Früchte reifen nicht nach. Kuchen aus halbreifen Früchten schmecken besser, da die Beerenhäute noch dünn und zart sind. Es muß je nach Reifestadium mehr oder weniger Zucker verwendet werden.

Vorbereitung für Kuchen

Die Beeren waschen, in Küchentuch abtrocknen, Stiele und Blütenansätze entfernen. Die Beeren ganz lassen. Stachelbeeren ziehen beim Backen viel Wasser, daher den Boden mit Semmelbröseln oder gemahlenen Mandeln bestreuen.

Stachelbeeren

Stachelbeer-Rahmkuchen

Teig: Mürbteig (s. Seite 10), in Springform gegeben, Rand 2 cm hoch
gezogen,bei 200 °C 15 Minuten blind
gebacken.
Belag: 1 kg grüne, halbreife Stachelbeeren, gewaschen, Stiele und Blütenansätze entfernt, mit 100 g Zucker
in ¼ l Weißwein halbgar gedünstet
(Beeren dürfen nicht aufplatzen),
erkaltet, gut abgetropft.
Guß: 4 Eigelb * 200 g Zucker *
3 EL saure Sahne * 100 g Mandeln,
gemahlen * 4 Eiweiß, mit 1 Prise Salz
steif geschlagen.

Die Stachelbeeren auf dem Mürbteigboden verteilen. Eigelb, Zucker und
saure Sahne verquirlen, Mandeln dazugeben und den Eischnee unterziehen.
Über die Beeren gießen.
Bei 200 °C 20 Minuten backen.

Abwandlung Es eignen sich auch
Johannisbeeren oder Weintrauben.

Stachelbeer-
Marzipankuchen

Teig: Mürbteig (s. Seite 10), in Springform gegeben, Rand 2 cm hoch
gezogen, bei 200 °C 15 Minuten blind
gebacken.
Belag: 500 g grüne Stachelbeeren,
gewaschen, Stiele und Blütenansätze
entfernt, mit 60 g Zucker und
1 Msp Zimt in ⅛ l Weißwein gar
gedünstet, mit 2 EL Speisestärke
gebunden.

Marzipangitter: 200 g Marzipanrohmasse, mit 60 g Puderzucker und
1 Eigelb glatt gerührt.
Zum Bestreichen: 2 EL Aprikosenmarmelade, mit 1 TL Marillenlikör
verrührt.

Das Stachelbeerkompott auf dem
Mürbteigboden verteilen und das Marzipangitter mit einem Spritzbeutel dar-
aufspritzen.
Bei 200 °C 12 Minuten überbacken.
Noch heiß mit der Aprikosenmarmelade bestreichen.

Brottorte
mit Stachelbeeren

Teig: 2 Eier * 6 Eigelb *
200 g Zucker * 1 P Vanillinzucker *
150 g altbackenes Weißbrot, fein gemahlen * 70 g Mandeln, gemahlen.
Springform, Backtrennpapier.
Belag: 3 EL Semmelbrösel *
500 g grüne Stachelbeeren,
Stiele und Blütenansätze entfernt.
Guß: 200 g Puderzucker, gesiebt, mit
wenig Weißwein glatt gerührt.

Eier, Eigelb, Zucker und Vanillinzucker
schaumig rühren. Weißbrot und Mandeln unterrühren. In eine Springform
füllen. Mit Semmelbröseln bestreuen
und mit Stachelbeeren belegen.
Bei 180 °C 40 Minuten backen.
Erkalten lassen und den Zuckerguß
darübergeben.

Abwandlung Es eignen sich auch
Kirschen oder Mirabellen.

Stachelbeeren

Stachelbeerwähe

Teig: *Wähenteig (s. Seite 12), in
Wähenform gegeben, bei 200 °C
20 Minuten gebacken.*
Belag: *40 g Mandeln, gemahlen *
500 g grüne Stachelbeeren, gewaschen, Stiele und Blütenansätze
entfernt * 4 EL Zucker mit
1 EL Vanillinzucker vermischt.*
Guß: *2 Eier * ⅛ l Sahne *
4 EL Zucker * 2 EL Johannisbeergelee.*

Den Wähenteig mit den Mandeln bestreuen. Mit den Stachelbeeren belegen und überzuckern.
Bei 180 °C 20 Minuten backen.
Für den Guß die Zutaten verquirlen
und über die Beeren gießen.
Bei 180 °C noch 15 Minuten backen.

Italienischer Stachelbeerkuchen

Teig: *250 g Butter * 250 g Zucker *
5 Eigelb * 2 EL Maraschino *
250 g Mehl * 50 g Semmelbrösel *
1 Prise Salz * 250 g Mandeln, gemahlen * 50 g Zitronat, gewürfelt *
500 g Stachelbeeren, gewaschen,
Stiele und Blütenansätze entfernt.
Springform, Backtrennpapier.*
Guß: *200 g Puderzucker, gesiebt,
mit 2 EL Maraschino glatt gerührt.*

Butter, Zucker und Eigelb schaumig
rühren. Maraschino, Mehl, Semmelbrösel, Salz, Mandeln und Zitronat unterrühren. Die Stachelbeeren unterziehen. In eine Springform geben.

Bei 200 °C 60 Minuten backen.
Erkalten lassen und die Puderzuckerglasur aufstreichen.

Stachelbeer-Kokoskuchen

Teig: *150 g Butter * 80 g Zucker *
1 P Vanillinzucker * 1 Prise Salz *
300 g Mehl, gesiebt und mit
1 Msp Backpulver vermischt *
70 g Kokosraspeln. Backblech, Backtrennpapier.*
Belag: *50 g Mandeln, gemahlen *
1,5 kg grüne Stachelbeeren,
gewaschen, Stiele und Blütenansätze
entfernt * 150 g Zucker.*
Baisermasse: *3 Eiweiß, mit
150 g Puderzucker und 1 Prise Salz
steif geschlagen * abgeriebene Schale
von 1 Zitrone * 80 g Kokosraspeln.*

Für den Teig Butter, Zucker, Vanillin-
zucker und Salz schaumig rühren.
Mehl und Kokosraspeln unterrühren.
Auf das Backblech geben. Mit den
Mandeln überstreuen, die Stachelbee-
ren darauf verteilen und überzuckern.
Bei 220 °C 15 Minuten backen.
Eischnee mit Zitronenschale und Ko-
kosraspeln vermischen, in einen Spritz-
beutel füllen und auf den Kuchen ein
Gitter spritzen.
Bei 180 °C weitere 20 Minuten backen.

Weitere Rezepte für Stachel-beeren (s. Abwandlungen)

50

Himbeeren

Himbeeren sind meist rot. Es gibt aber auch gelbe Sorten (aus Rußland) und schwarze (aus den USA), die allerdings nicht das Aroma der roten Beeren erreichen. Ganz besonders aromatisch, sind die kleinen, dunkelroten Waldhimbeeren.

Beim Einkauf beachten

Himbeeren müssen unbedingt trocken sein. Gekaufte Früchte zu Hause sofort auf einem Tablett ausbreiten, damit die unteren Beeren nicht zerdrücken.

Vorbereitung für Kuchen

Himbeeren nicht waschen, nur verlesen. Himbeeren werden nie mitgebacken oder gedünstet. Auch ein heißer Tortenguß könnte ihr Aussehen beeinträchtigen. Daher, ausschließlich zum Bepinseln der Himbeeren, einen *Gelatineguß* zubereiten: 1–2 Blatt Gelatine in Wasser einweichen, fest ausdrücken, mit 2 EL Wasser, Weißwein oder Saft in einen Metallschöpflöffel geben und den Boden des Löffels in heißes Wasser halten (es darf kein Wasser zur Gelatine kommen). Nur so weit erwärmen, bis sich die Gelatine auflöst. Himbeeren mit einer Gabel von Hand pürieren. Im Mixer werden die Kerne zerschlagen, was einen bitteren Beigeschmack ergibt.

Himbeeren

Himbeersahnerolle   Foto

Teig: Biskuittteig für Roulade
(s. Seite 15), auf Backblech gebacken,
aufgerollt, ausgekühlt.
Füllung: ³⁄₈ l Sahne, mit 3 EL Zucker,
2 EL Himbeergeist und Sahnefestiger
steif geschlagen * 250 g Himbeeren.
Verzierung: Puderzucker *
¹⁄₈ l Sahne, mit 1 TL Zucker steif
geschlagen * einige Himbeeren.

Die Himbeeren unter die Sahne ziehen. Die Biskuitrolle vorsichtig aufrollen, mit der Himbeersahne bestreichen
und wieder einrollen. Mit Puderzucker
übersieben und mit Sahnetupfen und
Himbeeren verzieren.

~~~~~~~~~~~~~~~~~~~~~~~~~

Abwandlung Statt Himbeeren eignen
sich auch Erdbeeren, Brombeeren
oder Mandarinenschnitze.

~~~~~~~~~~~~~~~~~~~~~~~~~

Himbeerquarktorte

Teig: Biskuitteig für Torte (s. Seite 15),
in Springform gebacken, ausgekühlt,
1mal geteilt.
Creme: 3 Eigelb * 4 EL Zucker *
1 P Vanillinzucker * 500 g Quark
(20%) * 8 Blatt weiße Gelatine,
eingeweicht, warm aufgelöst *
500 g Himbeeren, püriert * 3 Eiweiß,
mit 1 EL Puderzucker und 1 Prise Salz
steif geschlagen.
Verzierung: ¹⁄₄ l Sahne, mit
2 TL Zucker und Sahnefestiger
steif geschlagen * 40 g Mandelblättchen, geröstet * einige schöne
Himbeeren.

Eigelb, Zucker und Vanillinzucker
schaumig schlagen. Quark unterrühren, langsam unter die leicht abgekühlte Gelatine rühren. Kühl stellen. Sobald die Creme anfängt, fest zu werden, Eischnee und Himbeerpüree un-

terziehen. Kühl stellen. Creme zwischen die Biskuitböden füllen. Rand und Oberfläche mit Schlagsahne bestreichen. Den Rand mit Mandelblättchen, die Torte mit Himbeeren verzieren.

Baisertörtchen   Foto

Teig: *Baisermasse (s. Seite 16), oder Mürbteig (s. Seite 10), zu Torteletts gebacken, ausgekühlt.*
Belag: *¼ l Sahne, mit 3 EL Zucker und 1 TL Himbeergeist steif geschlagen * 250 g Himbeeren.*

Die Törtchen mit der Sahne bestreichen und mit Himbeeren belegen.

~~~~~~~~~~~~~~~~~~~~~~~~~

Abwandlung   Statt Himbeeren eignen sich auch Erdbeeren, gedünstete Kirschen, Brombeeren.

~~~~~~~~~~~~~~~~~~~~~~~~~

Haselnußbaisertorte mit Himbeeren

Teig: *4 Eiweiß, mit 250 g Puderzucker, 1 P Vanillinzucker und 1 EL Essig steif geschlagen * 150 g Haselnüsse, geröstet, gemahlen. Springform, Backtrennpapier.*
Füllung: *¼ l Sahne, mit 2 EL Zucker und Sahnefestiger steif geschlagen * 250 g Himbeeren.*
Verzierung: *Puderzucker * ⅛ l Sahne, mit 1 TL Zucker steif geschlagen * einige Himbeeren.*

Die Haselnüsse vorsichtig unter den Eischnee ziehen. Die Masse halbieren und jeweils in die Springform streichen. Nacheinander 2 Böden bei 200 °C 30 Minuten backen. Auskühlen lassen. Sahne und Beeren zwischen die Böden füllen. Die Torte mit Puderzucker überstäuben und mit Schlagsahnetupfen und ganzen Beeren verzieren.

Himbeeren

Himbeer-Makronentorte

Teig: *4 Eiweiß, mit 1 Prise Salz,
1 TL Zitronensaft und 160 g Puderzucker, gesiebt, steif geschlagen *
60 g Mandeln, gemahlen. Backblech,
Backtrennpapier.*
Füllung: *¼ l Milch * 100 g Zucker *
½ P Vanillepuddingpulver, mit
1 Eigelb und 2 EL Milch angerührt *
150 g Butter * 200 g Himbeeren,
püriert.*
Belag: *300 g Himbeeren *
1 Blatt Gelatine, eingeweicht,
warm aufgelöst * ⅛ l Sahne,
mit 1 TL Zucker steif geschlagen.*

Für den Tortenboden die Mandeln unter den Eischnee ziehen. Die Masse
halbieren, eine Hälfte kalt stellen, die
andere kreisförmig (26 cm ∅) auf das
Backpapier streichen.
Bei 140 °C 60 Minuten backen.
Mit der anderen Teighälfte ebenso verfahren. Böden auskühlen lassen.
Für die Creme die Milch mit Zucker
zum Kochen bringen. Puddingpulver
einrühren und kurz aufkochen, abkühlen lassen. Butter schaumig rühren und
langsam Pudding und Himbeerpüree
unterrühren.
Einen Boden mit ¾ der Creme bestreichen, den anderen Boden darauflegen
und mit der restlichen Creme bestreichen. Mit den Himbeeren belegen, mit
der Gelatine bepinseln und mit Schlagsahnetupfen verzieren.

~~~~~~~~~~~~~~~~~~~~~~~

Abwandlung Statt Himbeeren eignen
sich auch Erdbeeren.

~~~~~~~~~~~~~~~~~~~~~~~

Halbgefrorene Himbeer-Brombeertorte

Teig: *Biskuitteig für Kuchenboden
(s. Seite 16), in Springform
gebacken, ausgekühlt, mit 2 EL Himbeergeist beträufelt.*
Belag I: *500 g Himbeeren, püriert *
60 g Zucker * 1 EL Zitronensaft *
4 Blatt weiße Gelatine, eingeweicht,
warm aufgelöst * ¼ l Sahne, steif
geschlagen.*
Belag II: *500 g Brombeeren, püriert *
60 g Zucker * 1 EL Zitronensaft *
4 Blatt rote Gelatine, eingeweicht,
warm aufgelöst * ¼ l Sahne, steif
geschlagen.*
Verzierung: *⅛ l Sahne, mit
2 TL Zucker steif geschlagen *
einige schöne Beeren.*

Den Biskuitboden in die Springform
zurückgeben. Den Rand mit einem
Streifen Pergamentpapier auslegen.
Für den Belag I Himbeerpüree, Zucker
und Zitronensaft verrühren und langsam unter die leicht abgekühlte Gelatine rühren. Sobald die Masse anfängt,
fest zu werden, die Schlagsahne unterziehen. Auf den Boden streichen und
30 Minuten in die Gefriertruhe stellen.
Mit dem Belag II ebenso verfahren.
Zum Schluß mit Sahne und Früchten
verzieren. 3 Stunden tiefgefrieren.

**Weitere Rezepte für Himbeeren
(s. Abwandlungen)**

Seite 29   Erdbeerschichttorte
Seite 32   Erdbeer-Baisertorte
Seite 60   Brombeer-Windbeutel
Seite 94   Kiwi-Quarktorte

Aprikosen, Pfirsiche

Aprikosen haben gelbe Haut und gelbes Fruchtfleisch. Überreife Früchte sind sehr süß, aber oft mehlig.
Pfirsiche werden in folgenden Sorten angeboten:
gelbe Haut, gelbes Fleisch – oft fade,
gelbe Haut, weißliches Fleisch – aromatischer,
rot-gelbe Haut, rötliches Fleisch – aromatisch,
violette Haut, weißliches Fleisch – etwas hart, aber
sehr aromatisch.
grau-grüne Haut, weißes Fleisch – klein, etwas hart,
aber am aromatischsten.
Nektarinen sind große, glattschalige Früchte mit gelb-roter Haut, gelbem Fleisch – meist sehr aromatisch.

Beim Einkauf beachten
Früchte dürfen nicht überreif und weich sein. Sie sind reif, wenn das Fruchtfleisch auf Fingerdruck nachgibt.

Vorbereitung für Kuchen
Häuten: In kochendes Wasser legen, nach 2 Minuten kurz unter kaltem Wasser abschrecken, Haut abziehen. Der Fruchtnaht entlang mit einem scharfen Messer halbieren und den Stein entfernen.
Vordünsten (für harte Früchte): 500 g Früchte, gehäutet, halbiert, Steine entfernt, mit 3 EL Zucker in ¼ l Weißwein halbgar dünsten, gut abtropfen lassen. Flüssigkeit für Tortenguß verwenden.

Aprikosen, Pfirsiche

Aprikosenkuchen mit Streuseln

Teig: Hefeteig (s. Seite 13), auf einem Backblech ausgewellt.
Belag: 500 g Quark (20%) * 3 Eier * 100 g Zucker * 1 P Vanillinzucker * 1 Prise Salz * 2 EL Sahne * 1 EL Zitronensaft * 1,2 kg Aprikosen, gehäutet, halbiert, entsteint. Streusel (s. Seite 13) für Blechkuchen.

Quark, Eier, Zucker, Vanillinzucker, Salz, Sahne und Zitronensaft glattrühren. Auf den Hefeteig streichen und dicht mit den Aprikosenhälften belegen (Wölbung nach unten). Mit den Streuseln überstreuen.
Bei 220 °C 40 Minuten backen.

Pfirsich-Eistorte

Teig: Biskuitteig für Torte (s. Seite 15), gebacken, ausgekühlt, 1mal geteilt.
Füllung: 1 P Vanilleeis, mit Püree aus 3 Pfirsichen und 2 EL Marillenlikör cremig gerührt, ins Gefrierfach gestellt.
Belag: 6 Pfirsiche, gehäutet, halbiert, entsteint, gar gedünstet, gut abgetropft (oder 1 Dose, 850 ml, Pfirsichhälften) * ¼ l Sahne, mit 2 EL Zucker steif geschlagen * 40 g Mandelblättchen, geröstet.

Die Füllung zwischen die Biskuitböden streichen. Den oberen Boden mit den Pfirsichhälften belegen und mit Schlagsahnetupfen verzieren. Den Rand mit Schlagsahne und Mandelblättchen verzieren. 2 Stunden gefrieren lassen. Eisgekühlt oder halbgefroren servieren.

Pfirsich-Brombeerkuchen

Teig I: 80 g Butter * 130 g Zucker * 1 Ei * 80 g Haselnüsse, geröstet, gemahlen * 160 g Mehl, gesiebt, mit ½ TL Backpulver vermischt. Springform, Backtrennpapier.
Teig II: 2 Eiweiß, mit 1 Prise Salz steif geschlagen * 2 Eigelb, mit 50 g Zucker und 1 P Vanillinzucker schaumig geschlagen * 50 g Mehl.
Belag: ⅜ l Sahne, mit 3 EL Zucker, 1 P Vanillinzucker und Sahnefestiger steif geschlagen * 4 Pfirsiche, gehäutet, halbiert, entsteint, gar gedünstet (oder 1 Dose, 425 ml, Pfirsichhälften), gut abgetropft * 250 g Brombeeren, gewaschen, abgezupft * 40 g Mandelblättchen, geröstet.

Für den Teig I Butter, Zucker und das Ei schaumig rühren. Haselnüsse und Mehl unterrühren und in die Springform geben.
Bei 200 °C 25 Minuten backen.
Für den Teig II Eigelbmasse und Mehl unter den Eischnee ziehen. Auf den Teig I streichen.
Bei 180 °C weitere 20 Minuten backen. Auskühlen lassen.
Boden auf eine Kuchenplatte legen und mit ⅔ der Schlagsahne bestreichen. Mit Pfirsichhälften und Brombeeren belegen. Mit Schlagsahnetupfen verzieren. Den Rand mit Schlagsahne und Mandelblättchen verzieren.

Abwandlung Es eignen sich Erdbeeren, Himbeeren auch sehr gut.

Aprikosen, Pfirsiche

Pfirsich-Käsetorte

Teig: 50 g Butter * 2 EL Zucker *
12 Stücke Zwieback, gemahlen.
Springform, Backtrennpapier.
Belag: 4 Pfirsiche, gehäutet, halbiert,
entsteint, halbgar gedünstet (oder
1 Dose, 425 ml, Pfirsichhälften), gut
abgetropft * 400 g Doppelrahm-
frischkäse * 4 Eigelb * 100 g Zucker *
1/8 l saure Sahne * Saft von
1 Zitrone * 40 g Speisestärke *
1/2 TL Backpulver * 4 Eiweiß, mit
1 Prise Salz steif geschlagen.
Verzierung: Puderzucker.

Für den Teig Butter, Zucker und Zwiebackmehl verkneten und in der Spring-
form mit den Händen zu einem Boden
drücken.
Mit den Pfirsichen belegen. Frischkäse,
Eigelb, Zucker, saure Sahne und Zitronensaft glatt rühren. Speisestärke und
Backpulver untermengen. Zum Schluß
den Eischnee unterheben und auf die
Pfirsiche gießen.
Bei 175 °C 60 Minuten backen.
Nach der halben Backzeit den Belag
am Rand entlang mit einem spitzen
Messer etwas anritzen, damit sie besser
aufgehen kann.
Droht die Torte zu dunkel zu werden,
mit Alufolie abdecken.
Erkalten lassen und mit Puderzucker
bestäuben.

~~~~~~~~~~~~~~~~~~~~~

Tip Die Torte wird ganz besonders
standfest, wenn sie in 3 Etappen gebacken wird. Dazu die Torte nach 30
Minuten aus dem Ofen nehmen, 5 Minuten abkühlen lassen, ebenso verfahren nach 40 und 50 Minuten.

~~~~~~~~~~~~~~~~~~~~~

Baumkuchen-Nektarinentorte

Teig: 3 Eigelb * 65 g Zucker *
130 g Butter, cremig geschlagen *
65 g Mehl, gesiebt und mit
65 g Speisestärke vermischt *
3 Eiweiß, mit 65 g Zucker und
1 Prise Salz steif geschlagen.
Springform, Backtrennpapier.
Belag: 3 EL Aprikosenmarmelade,
erwärmt * 8 Nektarinen, gehäutet,
entsteint, in Spalten geschnitten,
gar gedünstet (oder 1 Dose, 850 ml,
Pfirsichspalten).
Guß: 1 P klarer Tortenguß, mit
Nektarinensaft fertiggestellt.

Für den Teig Eigelb und Zucker schaumig rühren. Eigelbmasse und Mehlgemisch unter die Butter rühren. Den Eischnee unterziehen. 2 EL Teig in die Springform streichen und im Grill 10 Minuten backen, bis der Teig goldbraun ist. Danach wieder 2 EL Teig darüberstreichen und backen. So weiterverfahren, bis der Teig aufgebraucht ist.
Noch heiß aprikotieren. Abkühlen lassen und mit den Nektarinenspalten belegen. Mit Tortenguß übergießen oder mit dem Pinsel auftragen.

Abwandlung Statt Nektarinen eignen sich für die Baumkuchentorte auch Erdbeeren oder Brombeeren.

Aprikosentorte

Teig: 180 g Mehl * 1 Prise Salz *
125 g Butter * 1 EL Zucker *
1 P Vanillinzucker * 1 Eigelb *
2 EL Milch. Springform, Backtrennpapier.
Belag: 3 EL Aprikosenmarmelade,
mit 1 TL Marillenlikör glatt gerührt *
750 g Aprikosen, gehäutet, halbiert,
entsteint, halbgar gedünstet,
abgetropft (oder 1 Dose, 850 ml,
Aprikosenhälften).
Zum Aprikotieren: 100 g Aprikosenmarmelade, mit 2 EL Marillenlikör glatt gerührt, gesiebt, erwärmt.

Für den Teig alle Zutaten rasch zusammenkneten und 30 Minuten kühl stellen. In eine Springform geben, den Rand 2 cm hoch ziehen.
Mit Aprikosenmarmelade bestreichen, mit den Aprikosenhälften belegen.
Bei 200 °C 35 Minuten backen.
Noch heiß aprikotieren. Erkalten lassen und mit Schlagsahne servieren.

Weitere Rezepte für Aprikosen und Pfirsiche (s. Abwandlungen)

Brombeeren

Beim Einkauf beachten

Die Früchte müssen trocken sein, feuchte Beeren schimmeln rasch. Nur reife Beeren entfalten ihr volles Aroma, sie müssen schwarz aussehen. Unreife Beeren sind etwas rötlich, sie reifen nicht mehr nach.

Verarbeitung für Kuchen

Brombeeren kurz in eine Schüssel mit kaltem Wasser geben, herausnehmen und abtropfen lassen. Stiele herausdrehen.

Besonders aromatisch werden Brombeeren, wenn man sie mit 2 EL Zucker und 2 EL Crème de Cassis (Schwarzer Johannisbeerlikör) 30 Minuten zugedeckt in einer Schüssel ziehen läßt. Den Saft abgießen und für den Tortenguß verwenden.

Brombeeren

Brombeer-Windbeutel

Teig: Brandteig (s. Seite 17), auf Backblech Windbeutel gespritzt, gebacken, Deckel abgeschnitten, ausgekühlt.
Füllung: ¼ l Sahne, mit 2 EL Zucker und 1 TL Vanillinzucker steif geschlagen * 250 g Brombeeren, mit 2 EL Zucker und 2 EL Crème de Cassis vermischt und über Nacht zugedeckt durchgezogen, abgetropft.
Verzierung: Puderzucker.

Brombeeren vorsichtig unter die Schlagsahne heben und in die Windbeutel füllen. Mit Puderzucker bestäuben und bald servieren.

Abwandlung Statt Brombeeren eignen sich auch sehr gut: Walderdbeeren, weichgedünstete Sauerkirschen, Himbeeren oder Mandarinen. Die Früchte jeweils mit der passenden Likörsorte durchziehen lassen. Oder die Sahne zur Füllung mit dem Likör parfümieren.

Brombeerkuchen

Teig: Mürbteig (s. Seite 10), ⅔ in Springform gegeben, Rand 2 cm hoch gezogen.
Belag: 500 g Brombeeren * 2 EL Zucker.
Zum Bestreichen: 120 g Johannisbeergelee, mit 2 EL Zitronensaft glatt gerührt.

Die Brombeeren auf den Mürbteigboden geben und überzuckern. Aus dem restlichen Teig Streifen schneiden und über die Beeren legen.
Bei 200 °C 40 Minuten backen.
Noch heiß mit dem Johannisbeergelee bestreichen. Mit echtem Vanillezucker aromatisierte Sahne schmeckt gut dazu.

Brombeer-Schokoladenkuchen

Teig: Schokoladenbiskuit für Kuchenboden (s. Seite 16), in Springform gebacken, ausgekühlt.
Belag: 100 g Marzipanrohmasse, mit 2 EL Puderzucker und 1 EL Crème de Cassis verknetet * ¼ l Sahne, mit 3 EL Zucker, 1 EL Vanillinzucker und Sahnefestiger steif geschlagen * 500 g Brombeeren, mit 2 EL Zucker und 2 EL Crème de Cassis 1 Stunde zugedeckt durchgezogen, abgetropft.
Guß: 1 P Tortenguß, mit Brombeersaft fertig gestellt.

Die Marzipanmasse zwischen zwei Bögen Pergamentpapier auswellen und auf den Biskuitboden legen. Mit der Sahne bestreichen und mit den Brombeeren belegen. Den Tortenguß mit dem Pinsel darauf verteilen.

Weitere Rezepte für Brombeeren (s. Abwandlungen)

Heidelbeeren
Preiselbeeren

Heidel- oder Blaubeeren wachsen in Nadel- oder Mischwäldern. Heidelbeeren aus Kulturanbau sind größer, aber nicht so aromatisch.

Beim Einkauf beachten
Beeren der Handelsklasse I sind gleichmäßig groß, sauber und trocken. Beeren der Klasse II sind meist sehr reif und nicht ganz trocken, da schon etwas Saft ausläuft. Sie sind aber sehr aromatisch und sollten schnell verbraucht werden.

Vorbereitung für Kuchen
Beeren zu Hause sofort auf einem Tablett ausbreiten, damit die unteren Früchte nicht zerdrückt werden. Zum Waschen die Beeren in eine Schüssel mit kaltem Wasser geben. Die Beeren sinken nach unten, Blättchen und Tannennadeln schwimmen oben und können mit einer Schaumkelle entfernt werden. Die Beeren in einem Sieb gut abtropfen lassen.
Vorsicht: Heidelbeerflecken lassen sich aus Kleidungsstücken nicht mehr entfernen!

Preiselbeeren werden bei diesen Rezepten als Kompott aus dem Glas verwendet.

Heidelbeeren, Preiselbeeren

Blaubeer-Butterkuchen

Teig: *Mürbteig (s. Seite 10), in
Springform gegeben, Rand 2 cm hoch.*
Belag: *150 g Zucker * 1 P Vanillinzucker * 1 TL Zimt * 200 g Mandeln,
gemahlen * 750 g Blaubeeren,
gewaschen, abgetropft * 100 g Butter,
in Scheiben geschnitten.*

Zucker, Vanillinzucker und Mandeln
vermischen. Eine Hälfte davon auf
dem Mürbteig verteilen und die Heidelbeeren darübergeben. Mit der restlichen
Zucker-Mandelmischung bestreuen. Mit
den Butterscheiben belegen.
Bei 200 °C 40 Minuten backen.

Dunkle Heidelbeertorte

Teig: *Schokoladenbiskuit für Torte
(s. Seite 16), in Springform gebacken,
ausgekühlt, 1mal geteilt.*
Füllung: *½ l Milch * 1 P Vanille-
puddingpulver, mit 6 EL der Milch
angerührt * 100 g Zucker *
2 Eigelb * ¼ l Sahne, mit Sahnefestiger steif geschlagen * 500 g Heidelbeeren, gewaschen, abgetropft.*
Verzierung: *Puderzucker *
⅛ l Sahne, mit 1 EL Zucker steif
geschlagen * einige Heidelbeeren.*

Für die Füllung die Milch zum Kochen
bringen, das Puddingpulver einrühren,
den Zucker dazugeben und unter Rühren dicklich kochen. Vom Herd nehmen und die Eigelb unterschlagen. Mit
Butter bepinseln, damit sich keine
Haut bildet, erkalten lassen. Schlagsahne und Heidelbeeren unterheben.

Den Biskuitboden auf eine Tortenplatte
legen und mit der Füllung bestreichen.
Mit dem zweiten Boden abdecken und
1 Stunde kühl stellen.
Mit Puderzucker übersieben und mit
Schlagsahnetupfen und Heidelbeeren
verzieren.

Heidjertorte

Teig: *3 Eigelb * 3 EL lauwarmes
Wasser * 150 g Zucker * 1 P Vanillinzucker * 3 Eiweiß, mit 1 Prise Salz
steif geschlagen * 150 g Buchweizen-
mehl, mit 50 g Speisestärke und
2 TL Backpulver vermischt.
Springform, Backtrennpapier.*
Füllung: *½ l Sahne, mit 1 P Vanillinzucker steif geschlagen *
4 Blatt weiße Gelatine, eingeweicht,
warm aufgelöst * 1 Glas Preiselbeer-
kompott.*
Verzierung: *Kakaopulver *
⅛ l Sahne, mit 1 EL Zucker steif
geschlagen.*

Für den Teig Eigelb mit Wasser, Zucker
und Vanillinzucker dickschaumig schlagen. Eischnee daraufgeben, Buchwei-
zengemisch darübersieben und vorsichtig untereinanderheben. In eine
Springform füllen.
Bei 200 °C 30 Minuten backen.
Auskühlen lassen und 2mal durchtei-
len. Für die Füllung die Sahne unter
die etwas abgekühlte Gelatine rühren
und die Preiselbeeren unterziehen.
Zwischen die Tortenböden streichen.
Den oberen Boden mit Kakaopulver
übersieben und mit Schlagsahnetupfen
verzieren.

Mirabellen

Mirabellen sind eine Art Pflaumen, gut kirschgroß,
haben eine gelbe Schale und gelbes Fruchtfleisch.

Beim Einkauf beachten
Mirabellen im richtigen Reifestadium kaufen.
Sie reifen nicht mehr nach. Überreife Früchte sind
gern etwas mehlig.

Vorbereitung für Kuchen
Waschen, abtrocknen und entsteinen, die Steine lösen
sich sehr leicht. Harte Früchte vordünsten
(wie Kirschen, s. Seite 33).

Mirabellen

Mirabellenkuchen mit Rahmguß

Teig: *Hanfteig (s. Seite 11),*
in Springform gegeben,
Rand 2 cm hoch gezogen.
Belag: *500 g Mirabellen, gewaschen,*
entsteint.
Guß: *¼ l saure Sahne *
*3 EL Zucker *
abgeriebene Schale von 1 Zitrone.

Die Mirabellen in Kreisen auf dem Kuchenboden verteilen.
Für den Guß Sahne, Zucker und Zitronenschale sorgfältig verquirlen und über die Mirabellen gießen.
Bei 200 °C 45 Minuten backen.

Abwandlung Statt Mirabellen eignen sich auch Kirschen oder Pflaumen unter dem Rahmguß.

Mirabellen-Grießtorte

Teig: *6 Eigelb * 200 g Zucker *
Saft von 1 Zitrone * 120 g Grieß *
2 EL Kakaopulver * 40 g Mandeln,
gemahlen * 6 Eiweiß, mit 1 Prise Salz
steif geschlagen. Springform, Backtrennpapier.*
Füllung: *¼ l Sahne, mit 2 EL Zucker,
1 P Vanillinzucker und Sahnefestiger
steif geschlagen * 500 g Mirabellen,
gewaschen, entsteint, mit 50 g Zucker
und 1 Zimtstange in ¼ l Weißwein gar
gedünstet, erkaltet, gut abgetropft.*
Verzierung: *Kakaopulver *
⅛ l Sahne, mit 1 TL Zucker steif
geschlagen * einige Mirabellen.*

Für den Teig Eigelb, Zucker und Zitronensaft schaumig schlagen. Grieß, Kakaopulver und Mandeln unterrühren. Zum Schluß den Eischnee unterziehen. Den Teig halbieren und jeweils in die Springform füllen.
Nacheinander zwei Böden bei 200 °C in 35 Minuten backen. Erkalten lassen. Die Sahne auf den unteren Boden streichen und mit Mirabellen belegen. Mit dem zweiten Boden abdecken. Die Torte mit Kakaopulver übersieben und mit Schlagsahnetupfen und Mirabellen verzieren (hübsche Sahneverzierungen s. Seite 14).

Mais-Mirabellenkuchen

*125 g Maismehl, fein gemahlen *
100 g Weizenmehl, gesiebt und mit
1 TL Backpulver vermischt *
1 Prise Salz * ¼ l Milch * ¼ l Sahne *
80 g Honig * 2 Eigelb * 1 EL Öl *
2 Eiweiß, mit 1 Prise Salz steif
geschlagen * 1 kg Mirabellen,
gewaschen, entsteint. Springform,
Backtrennpapier.*

Mais- und Weizenmehl, Backpulver und Salz in einer Schüssel mischen. Langsam Milch und Sahne unterrühren, dann Honig, Eigelb und Öl (am besten mit der Küchenmaschine). Zum Schluß den Eischnee und die Mirabellen unterziehen. In die Springform füllen.
Bei 200 °C 45 Minuten backen.

Abwandlung Statt Mirabellen eignen sich auch Kirschen.

Mirabellen

Umgedrehte Mirabellentorte

Teig: 80 g Butter * 100 g Zucker *
1 P Vanillinzucker * 1 Prise Salz *
3 Eier * 80 g Mehl, gesiebt und mit
100 g Speisestärke und 2 TL Backpulver vermischt * 3 EL Milch.
Springform, Alufolie.
Belag: 500 g Mirabellen, gewaschen,
entsteint * ¼ l Weißwein *
6 EL Speisestärke, mit 2 EL des
Weins angerührt * 80 g Zucker.
Verzierung: 80 g Aprikosenmarmelade, erwärmt * 40 g Mandelblättchen, geröstet.

Alufolie in Springform legen und gut
einfetten. Mirabellen darauf verteilen.
Weißwein und Zucker zum Kochen
bringen und die Speisestärke einrühren. Unter Rühren dicklich kochen.
Abgekühlt über die Mirabellen gießen.
Für den Teig Butter schaumig rühren.
Abwechslungsweise Zucker, Vanillinzucker, Salz und Eier unterrühren, bis
eine dickschaumige Masse entsteht.
Mehlgemisch und Milch löffelweise unterrühren. Den Teig über die Mirabellen gießen.
Bei 200 °C 50 Minuten backen.
Auskühlen lassen und auf eine Platte
stürzen. Springform und Alufolie entfernen. Mit der Aprikosenmarmelade
bestreichen und mit den Mandelblättchen belegen.

Abwandlung Statt Mirabellen eignen
sich auch Kirschen. Oder Äpfel, mit
Rosinen und Mandelblättchen bestreut.

Mirabellenkuchen mit Schokoladenbaiser

Teig: 1 Eigelb * 40 g Zucker *
100 g saure Sahne * 160 g Mehl,
gesiebt und mit 1 Msp Backpulver
vermischt. Springform, Backtrennpapier.
Belag: 2 Stücke Zwieback, gemahlen *
1 kg Mirabellen, gewaschen, entsteint *
60 g Zucker, mit 1 TL Zimt vermischt.
Schokoladenbaiser: 2 Eiweiß, mit
1 Prise Salz, 100 g Puderzucker
und 40 g Kakaopulver steif
geschlagen.

Für den Teig Eigelb, Zucker und saure
Sahne verquirlen. Das Mehl unterrühren und die Masse 30 Minuten kalt stellen. Den Teig in eine Springform
drücken und den Rand 2 cm hoch ziehen. Mit dem Zwiebackmehl bestreuen
und mit den Mirabellen in Kreisen belegen. Die Zimt-Zuckermischung darübergeben.
Bei 200 °C 20 Minuten backen.
Die Schokoladenbaisermasse in einen
Spritzbeutel füllen und über die Mirabellen ein Gitter spritzen.
Bei 180 °C weitere 20 Minuten backen.

Weitere Rezepte für Mirabellen (s. Abwandlungen)

Seite 27   Rhabarberkuchen mit
           Weißwein
Seite 35   Zimt-Kirschkuchen
Seite 36   Kirschkuchen mit Hasel-
           nußguß
Seite 42   Kirschkuchen mit
           Cornflakes
Seite 49   Brottorte mit Stachelbeeren

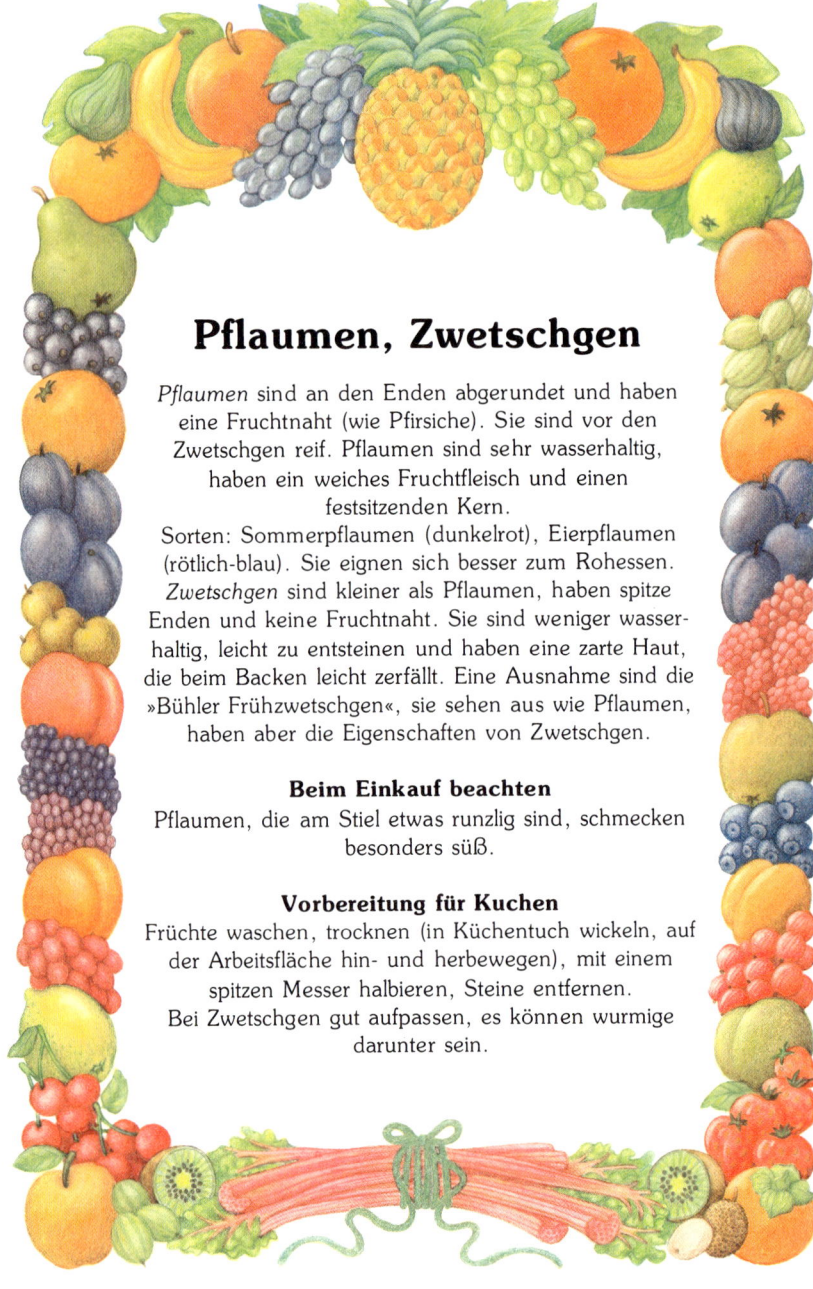

Pflaumen, Zwetschgen

Pflaumen sind an den Enden abgerundet und haben eine Fruchtnaht (wie Pfirsiche). Sie sind vor den Zwetschgen reif. Pflaumen sind sehr wasserhaltig, haben ein weiches Fruchtfleisch und einen festsitzenden Kern.
Sorten: Sommerpflaumen (dunkelrot), Eierpflaumen (rötlich-blau). Sie eignen sich besser zum Rohessen.
Zwetschgen sind kleiner als Pflaumen, haben spitze Enden und keine Fruchtnaht. Sie sind weniger wasserhaltig, leicht zu entsteinen und haben eine zarte Haut, die beim Backen leicht zerfällt. Eine Ausnahme sind die »Bühler Frühzwetschgen«, sie sehen aus wie Pflaumen, haben aber die Eigenschaften von Zwetschgen.

Beim Einkauf beachten
Pflaumen, die am Stiel etwas runzlig sind, schmecken besonders süß.

Vorbereitung für Kuchen
Früchte waschen, trocknen (in Küchentuch wickeln, auf der Arbeitsfläche hin- und herbewegen), mit einem spitzen Messer halbieren, Steine entfernen.
Bei Zwetschgen gut aufpassen, es können wurmige darunter sein.

Pflaumen, Zwetschgen

Zwetschgenpie

Teig: *Pieteig (s. Seite 11),
in Pieform gegeben,
Rand 2 cm hoch gezogen.*
Belag: *2 Eier * 150 g Zucker *
1 TL Zimt * 1 Prise Nelken *
500 g Zwetschgen, gewaschen,
halbiert, entsteint, im Mixer püriert *
3/8 l Sahne.*

Eier, Zucker und Gewürze schaumig
rühren. Zwetschgenpüree und Sahne
unterziehen und auf den Pieteig
gießen.
Bei 180 °C 50 Minuten backen (nach
der halben Backzeit mit Alufolie abdecken).
Abkühlen lassen und mit Schlagsahne
servieren.

Zwetschgenwähe

Teig: *Wähenteig (s. Seite 12),
in Wähen- oder Pieform gegeben,
Rand 3 cm hoch gezogen.
Bei 200 °C 15 Minuten gebacken.*
Belag: *80 g Zwieback, gemahlen *
1 kg Zwetschgen, gewaschen, halbiert,
entsteint.*
Guß: *1/4 l saure Sahne * 60 g Zucker *
1 TL Zimt * 3 Eigelb * 1 TL Speisestärke.*

Den Wähenteig mit dem Zwieback bestreuen und dicht mit den Zwetschgen
belegen.
Bei 200 °C 25 Minuten backen.
Für den Guß die Zutaten verquirlen
und auf die Zwetschgen geben. Weitere 15 Minuten backen.

Zwetschgenkuchen mit Quark-Eierguß

Teig: *1/2 Rezept Hefeteig (s. Seite 13).
Springform.*
Belag: *750 g Zwetschgen, gewaschen,
halbiert, entsteint.*
Guß: *3 Eigelb * 60 g Zucker *
1 P Vanillinzucker * 1 EL Speisestärke * 150 g Sahnequark (40 %) *
60 g Butter, zerlassen * 3 Eiweiß,
mit 1 Prise Salz steif geschlagen.*

Hefeteig in die Springform drücken,
Rand 3 cm hoch ziehen. Dicht mit den
Zwetschgen belegen und nochmals 10
Minuten gehen lassen.
Für den Guß Eigelb, Zucker und Vanil-
linzucker schaumig rühren. Speisestär-
ke, Quark und Butter unterrühren.
Den Eischnee unterziehen und über
die Zwetschgen gießen.
Bei 200 °C 45 Minuten backen.

Abwandlung Statt Zwetschgen eignen sich auch Äpfel.

Pflaumen, Zwetschgen

Bayerischer Zwetschgendatschi
Foto

Teig: *Hefeteig (s. Seite 13),*
auf einem Backblech ausgewellt.
Belag: *1,5 kg Zwetschgen,*
gewaschen, halbiert, entsteint ∗
2 TL Zimt ∗ 80 g Mandelstifte ∗
60 g Hagelzucker.

Den Hefeteig in gleichmäßigen Reihen dicht und ständig überlappend mit Zwetschgen belegen und mit Zimt und Mandelstiften bestreuen.
Bei 220 °C 30 Minuten backen.
Noch ofenwarm mit Hagelzucker bestreuen.
Mit Schlagsahne, nach Geschmack etwas Zimt untergeschlagen, servieren.

Schwäbischer Zwetschgenkuchen

Teig: *Hefeteig (s. Seite 13),*
auf einem Backblech ausgewellt.
Guß: *500 g Quark (20%) ∗ 3 Eier ∗*
150 g Zucker ∗ 1 P Vanillinzucker ∗
1 EL Speisestärke.
Belag: *1,5 kg Zwetschgen, gewaschen,*
halbiert, entsteint ∗ 3 TL Zimt ∗
80 g Zucker ∗ Streusel für Backblech
(s. Seite 13).

Für den Guß die Zutaten glatt rühren und auf den Hefeteig geben. Dicht mit den Zwetschgen belegen und mit Zimt und Zucker bestreuen. Die Streusel darauf verteilen.
Bei 220 °C 35 Minuten backen.

Pflaumen, Zwetschgen

Österreichischer Zwetschgenkuchen

Teig: Hefeteig (s. Seite 13),
auf einem Backblech ausgewellt.
Guß: ³/₈ l Milch * 65 g Zucker *
1 Prise Salz * 1 P Sahnepuddingpulver * 150 g Butter * 2 Eigelb *
2 Eier * 30 g Speisestärke.
Belag: 1,5 kg Zwetschgen, gewaschen,
halbiert, entsteint * Streusel
für Backblech (s. Seite 13).

Für den Guß die Milch zum Kochen
bringen. Zucker, Salz und das in etwas
kalter Milch angerührte Puddingpulver
einrühren und dicklich kochen. Vom
Herd nehmen, mit Butter bestreichen,
damit sich keine Haut bildet, und erkalten lassen. Langsam Butter, Eigelb,
Eier und Speisestärke unterrühren.
Den Guß auf den Hefeteig streichen.
Mit den Zwetschgen in Reihen dachzie-
gelartig belegen und die Streusel
darüberstreuen.
Bei 220 °C 30 Minuten backen.

Abwandlung Statt Zwetschgen eignet sich auch Rhabarber.

Quark-Zwetschgenstrudel

Teig: Strudelteig (s. Seite 18).
Backblech.
Füllung: 60 g Butter * 3 EL Zucker *
2 TL Zimt * 4 Eigelb *
500 g Quark (20%) * 5 EL saure
Sahne * 500 g Zwetschgen,
gewaschen, entsteint, geviertelt *
4 Eiweiß, mit 1 Prise Salz steif
geschlagen.
Zum Bestreichen: 40 g Butter,
zerlassen.
Verzierung: Puderzucker.

Den Strudelteig auf einem bemehlten
Küchentuch dünn ausziehen.
Für die Füllung Butter, Zucker und
Zimt schaumig rühren. Langsam Eigelb, Quark und saure Sahne unterrühren. Die Zwetschgen dazugeben
und zum Schluß den Eischnee unterziehen. Die Füllung auf einer Hälfte
des Teigs verteilen. Mit Hilfe des Küchentuchs einrollen und mit der Naht-
seite nach unten auf das Backblech
legen.
Bei 220 °C 45 Minuten backen.
Während des Backens mehrmals mit
der Butter bepinseln. Erkalten lassen
und mit Puderzucker bestäuben.

Badischer Zwetschgenkuchen

Foto

Teig: *100 g Butter * 100 g Zucker *
2 Eier * 1 Prise Salz * 2 EL Rum *
150 g Mehl, gesiebt und mit
1 TL Backpulver vermischt *
100 g Mandeln, gemahlen.
Springform, Backtrennpapier.*
Belag: *2 EL Semmelbrösel *
1 kg Zwetschgen, gewaschen, halbiert,
entsteint * Streusel für Springform
(s. Seite 13).*

Für den Teig Butter, Zucker, Eier und
Salz schaumig schlagen. Rum, Mehl
und Mandeln unterrühren. In die
Springform geben, Rand 2 cm hoch
ziehen. Mit Semmelbröseln bestreuen
und mit den Zwetschgen belegen. Die
Streusel darübergeben.
Bei 180 °C 60 Minuten backen.

Abwandlung Statt Zwetschgen eignen sich auch Kirschen oder Äpfel.

Zwetschgenkuchen mit Walnüssen

Teig: *250 g Butter * 150 g Zucker *
4 Eier * 1 Prise Salz * 150 g Mehl,
gesiebt und mit 1 TL Backpulver und
150 g Speisestärke vermischt *
80 g Schokolade, gerieben *
60 g Walnüsse, gehackt. Backblech,
Backtrennpapier.*
Belag: *1,5 kg Zwetschgen, gewaschen,
halbiert, entsteint. 200 g Walnüsse
gehackt.*
Verzierung: *Puderzucker.*

Für den Teig Butter, Zucker, Eier und
Salz schaumig rühren. Mehlgemisch,
Schokolade und Walnüsse untermen-
gen, auf das Backblech streichen.
Dicht mit den Zwetschgen belegen und
die Walnüsse dazwischenstreuen.
Bei 200 °C 40 Minuten backen.
Erkalten lassen und mit Puderzucker
übersieben.

Französische Zwetschgentorte

Teig: *150 g Butter * 100 g Zucker *
2 Eigelb * 1 Prise Salz * 1 TL Zimt *
1 Msp Nelken, gemahlen *
150 g Mehl, gesiebt und mit
1 Msp Backpulver vermischt *
100 g Mandeln, gemahlen. Springform, Backtrennpapier.*
Belag: *40 g Mandeln, gemahlen *
1 kg Zwetschgen, gewaschen, halbiert,
entsteint * 80 g Zucker.*
Zum Bestreichen: *100 g Johannisbeergelee, mit 1 EL Zitronensaft verrührt,
erwärmt * 40 g Mandeln, gestiftet.*

Für den Teig Butter, Zucker, Eigelb,
Salz, Zimt und Nelken schaumig rühren. Mehl und Mandeln untermengen
und in die Springform geben. Mit den
Mandeln bestreuen und den Zwetschgen belegen. Überzuckern.
Bei 200 °C 45 Minuten backen.
Noch heiß mit der Marmelade bestreichen und mit den Mandelstiften bestreuen.

Oben: Badischer Zwetschgenkuchen
Unten: Gedeckter Apfelkuchen,
        Rezept Seite 75

Pflaumen, Zwetschgen

Versunkener Zwetschgenkuchen

Teig: *125 g Butter * 125 g Zucker *
1 P Vanillinzucker * 1 TL Zimt *
1 EL Rum * 3 Eier * 250 g Mehl,
gesiebt und mit 1 TL Backpulver
vermischt * 500 g Zwetschgen,
gewaschen, entsteint, geviertelt.
Springform, Backtrennpapier.*
Guß: *Puderzuckerguß (s. Seite 19).*

Für den Teig Butter, Zucker, Vanillinzucker, Zimt und Rum schaumig schlagen. Langsam die Eier und das Mehl
unterrühren.
3/4 des Teigs in die Springform geben.
Mit den Zwetschgen belegen und den
restlichen Teig darüber verteilen.

Bei 200 °C 60 Minuten backen.
Erkalten lassen und mit dem Puderzuckerguß bestreichen. Oder nur mit
Zucker und gehackten Mandeln bestreuen.

Abwandlung   Es eignen sich auch
Kirschen, Aprikosen oder Apfelspalten.

**Weitere Rezepte für Pflaumen,
Zwetschgen (s. Abwandlungen)**

Seite 36   Kirschkuchen mit Hasel-
           nußguß
Seite 46   Johannisbeerkuchen mit
           Haferflocken
Seite 64   Mirabellenkuchen mit
           Rahmguß
Seite 76   Apfelpie

Äpfel

Zum Backen sehr gut geeignete Apfelsorten sind:
Boskoop   Mürbe.
Cox Orange   Mürbe, weinähnliches Aroma.
Fischer's Frühe   Sehr mürbe.
Gloster   Süß.
Gravensteiner   Sehr saftig, aromatisch.
Ingrid Marie   Mürbe, würzig, süß.
Jonathan   Würzig, saftig.
Klarapfel   Etwas mehlig, frühe Sorte.
Renette   Sehr mürbe, würzig.

Beim Einkauf beachten

Äpfel mit Schorfbefall sind meist ungespritzt. Beim Einkauf darauf achten, ob der Apfel Duft ausströmt, das Äußere sieht man beim Obstkuchen nicht mehr.

Vorbereitung für Kuchen

Mit einem Apfelschäler dünn schälen, Kerngehäuse gründlich entfernen, zerteilen oder raspeln. Geschälte Apfelstücke gleich mit Zitronensaft beträufeln, da sie sonst bräunlich werden.
Vordünsten (für feste Äpfel):   500 g Äpfel (geviertelt usw.) mit 2 EL Zucker und dem Saft von 1 Zitrone in ¼ l Wasser (oder Weißwein) halbgar dünsten. Die Äpfel dürfen auf keinen Fall zerfallen.

Äpfel

Französischer Apfelstrudel

Teig: *2 P Tiefkühlblätterteig (je 300 g), aufgetaut, ausgewellt (s. Seite 9). Backblech.*
Füllung: *750 g Äpfel, gewaschen, geschält, Kerngehäuse entfernt, grob geraspelt * 70 g Butter *
1 Likörglas Calvados * 60 g Zucker *
Saft von 1 Zitrone * 1 TL Zimt *
50 g Sultaninen * 50 g Mandeln, gehackt.*
Zum Bestreichen: *1 Eigelb, verquirlt.*

Für die Füllung die Butter in einem Topf schmelzen. Die Äpfel zufügen und 5 Minuten unter Rühren dünsten. Die restlichen Zutaten nacheinander zugeben und alles weitere 3 Minuten dünsten. Die Masse gleichmäßig über den gesamten Blätterteig verteilen und vorsichtig zusammenrollen (am besten mit Hilfe eines Küchentuchs) und auf das Backblech heben, Naht nach unten. Mit dem Eigelb bestreichen.
Bei 220 °C 40 Minuten backen.
Lauwarm mit Schlagsahne oder Vanilleis servieren.

Französischer Apfelkuchen

Teig: *1 P Tiefkühlblätterteig (300 g), aufgetaut, in Größe einer Springform ausgewellt (s. Seite 9).*
Belag: *50 g Butter * 100 g Zucker, mit 1 Prise Vanillinzucker und 1 TL Zimt vermischt * 750 g Äpfel, gewaschen, geschält, Kerngehäuse entfernt, in Scheiben geschnitten.*

Die Springform mit Alufolie bis in die Mitte des Randes hinauf auslegen, Folie einbuttern und mit der Hälfte der Zuckermischung bestreuen. Mit den Äpfeln belegen. Die restliche Zuckermischung darübergeben und mit dem Blätterteig abdecken. Mit einer Gabel mehrmals einstechen.
Bei 180 °C 50 Minuten backen.
Kurz abkühlen lassen und auf eine Kuchenplatte stürzen. Ein feuchtes Küchentuch auf die Form legen und die Form vorsichtig entfernen.
Warm mit Schlagsahne servieren.

Apfelkuchen mit Kartoffelguß

Teig: *Mürbteig (s. Seite 10), in Springform gegeben, Rand 2 cm hoch.*
Belag: *1 kg Äpfel, gewaschen, geschält, Kerngehäuse entfernt, in Spalten geschnitten * 100 g Zucker * Saft von 1 Zitrone * 2 EL Rum.*
Guß: *125 g Kartoffeln, gekocht, erkaltet, gerieben * 125 g Zucker *
2 Eigelb * 60 g Mandeln, gemahlen *
60 g Butter, zerlassen * 1 TL Zimt *
1 Prise Salz * 4 EL Sahne *
2 Tropfen Bittermandelaroma *
2 Eiweiß, mit 1 Prise Salz steif geschlagen.*

Die Apfelspalten auf den Mürbteigboden legen. Überzuckern und mit Zitronensaft und Rum beträufeln.
Bei 200 °C 25 Minuten backen.
Für den Guß die Zutaten glatt rühren, zum Schluß den Eischnee unterziehen. Auf die Apfelspalten geben und weitere 25 Minuten backen.

Äpfel

Boskooptorte mit Baiserguß

Teig: Mürbteig (s. Seite 10),
in Springform geben,
Rand 3 cm hoch gezogen,
20 Minuten blind gebacken.
Belag: 1 kg Boskoopäpfel, gewaschen,
geschält, Kerngehäuse entfernt, in
Spalten geschnitten, mit 2 EL Zucker
in ¼ l Rotwein weich gedünstet,
*gut abgetropft * 100 g Sultaninen,*
10 Minuten in dem heißen Rotwein
*eingeweicht, abgetropft **
60 g Mandelstifte.
Guß: 3 Eiweiß, mit 1 Prise Salz
und 150 g Puderzucker im Wasserbad
steif geschlagen.

Die gedünsteten Äpfel auf dem Mürbteigboden verteilen, mit den Rosinen
und Mandelstiften bestreuen und mit
dem Baiserguß abdecken.
Bei 180 °C noch weitere 20 Minuten
backen.

Linzer Apfeltorte

Teig: Mürbteig (s. Seite 10),
in Springform gegeben,
Rand 2 cm hoch gezogen,
15 Minuten blind gebacken.
Belag: 750 g Äpfel, gewaschen,
geschält, Kerngehäuse entfernt,
in kleine Würfel geschnitten,
mit 50 g Zucker und 1 Zimtstange
in ¼ l Weißwein halbgar gedünstet,
*gut abgetropft * 100 g Zitronat,*
gewürfelt.
Glasur: Puderzuckerglasur (s. Seite 19),
mit Zitronensaft zubereitet.

Apfelwürfel und Zitronat mischen und
auf dem Mürbteig verteilen.
Bei 200 °C weitere 30 Minuten backen.
Erkalten lassen und die Puderzuckerglasur darübergeben.

Gedeckter Apfelkuchen

Foto Seite 71

Teig: Mürbteig (s. Seite 10), aber aus
300 g Mehl, 3 EL Kakaopulver,
150 g Butter, 80 g Zucker, 2 Eigelb,
1 EL Essig. Springform.
Belag: 1 kg Äpfel, gewaschen,
geschält, Kerngehäuse entfernt,
geviertelt, in 60 g Butter weich
gedünstet, nach Belieben püriert,
mit 4 EL Akazienhonig vermischt,
abgekühlt.
Verzierung: Puderzucker.

Für den Teig alle Zutaten rasch zusammenkneten und 30 Minuten kalt stellen. Zwischen 2 Bögen Pergamentpapier auswellen und ⅔ des Teigs in die
Springform geben, Rand 2 cm hoch
ziehen. Mit den Apfelspälten belegen
bzw. mit dem Apfelmus bestreichen,
mit der anderen Teighälfte abdecken.
Bei 200 °C 50 Minuten backen.
Erkalten lassen und mit Puderzucker
bestäuben.

Äpfel

Apfelwähe

Teig: Wähenteig (s. Seite 12),
in Wähenform bei 200 °C 20 Minuten
gebacken.
Belag: 500 g Äpfel, gewaschen,
geschält, Kerngehäuse entfernt, in
Spalten geschnitten * 80 g Zucker,
mit 1 TL Zimt vermischt *
5 Scheiben Zwieback, gemahlen.
Guß: 2 Eier * 2 EL Zucker *
1 TL Zimt * ⅛ l saure Sahne.

Die Apfelspalten auf dem Wähenteig
verteilen und mit Zimt-Zucker und
Zwiebackmehl bestreuen.
Bei 180 °C 25 Minuten backen.
Für den Guß Eier, Zucker, Zimt und
Sahne miteinander verquirlen und
über die vorgebackene Wähe gießen.
Weitere 15 Minuten backen.

Schmantkuchen mit Äpfeln

Teig: Hefeteig (s. Seite 13),
auf einem Backblech ausgewellt.
Belag: ¼ l Milch * 3 EL Grieß *
2 EL Zucker * 1 Prise Salz *
50 g Sultaninen, in Rum eingeweicht *
4 Äpfel, gewaschen, geschält,
Kerngehäuse entfernt, in Ringe geschnitten * 500 g saure Sahne, mit
1 Eigelb und 1 Prise Salz glatt gerührt *
1 Eiweiß, mit 1 Prise Salz geschlagen.
Zum Bestreuen: Zucker,
mit 2 TL Zimt vermischt.

Für den Belag die Milch erhitzen.
Grieß, Zucker und Salz einrühren und
dicklich kochen, auf den Teig streichen

und mit Apfelringen und Sultaninen
belegen. Den Eischnee unter die saure
Sahne heben und über den Kuchen
gießen. 10 Minuten gehen lassen.
Bei 200 °C 45 Minuten backen.
Noch warm mit Zimt-Zucker bestreuen.

Apfelpie   Foto

Teig: Pieteig (s. Seite 11),
die Hälfte in Pieform gegeben,
Rand hoch gezogen.
Füllung: 1 kg Äpfel, gewaschen,
geschält, Kerngehäuse entfernt,
in Spalten geschnitten * 50 g Zucker *
1 P Vanillinzucker * Saft und
abgeriebene Schale von 1 Zitrone *
1 TL Zimt * ½ TL Ingwer *
80 g Sultaninen * 40 g Mandelstifte *
1 EL Speisestärke.
Verzierung: 100 g Aprikosenmarmelade, mit 1 EL Zitronensaft
verrührt, erwärmt, oder Puderzucker.

Die Zutaten für die Füllung gut vermischen und auf den Pieteig geben. Mit
der anderen Teighälfte abdecken und
in die Mitte ein kleines Loch schneiden, damit der Dampf entweichen
kann. Aus den Teigresten kleine Formen schneiden und die Pie damit verzieren.
Bei 200 °C 45 Minuten backen.
Noch heiß aprikotieren (s. Seite 19).
Noch warm mit einer Kugel Vanilleeis
servieren. Oder erkaltet mit Puderzucker bestäuben.

Abwandlung Es eignen sich auch
Kirschen, Zwetschgen, Weintrauben.

Bratapfeltorte

<u>Teig:</u> Hanfteig (s. Seite 11),
in Springform gegeben,
Rand so hoch wie möglich gezogen.
<u>Belag:</u> 7 kleinere Äpfel, gewaschen,
geschält, Kerngehäuse ausgestochen,
am Stück gelassen * 3 TL Sultaninen,
in Rum eingeweicht * 3 TL Zitronat,
gewürfelt * 3 TL Orangeat, gewürfelt *
40 g Mandeln, gehackt *
4 EL Zucker * 1 TL Zimt *
1 Prise Kardamom * 3 EL Whisky *
2 EL Erdbeermarmelade *
20 g Butterflöckchen.
<u>Guß:</u> 3 Eiweiß, mit 1 Prise Salz und
100 g Puderzucker steif geschlagen.

Die Äpfel auf den Hanfteigboden set-
zen und mit Sultaninen, Zitronat,
Orangeat und Mandeln füllen. Zucker,
Zimt, Kardamom darüberstreuen und
mit Whisky beträufeln. In jeden Apfel
einen Klecks Erdbeermarmelade geben. Mit den Butterflöckchen belegen.
Bei 200 °C 45 Minuten backen.
Den Guß darübergeben und weitere
15 Minuten backen.

Schwäbischer Apfelkuchen

<u>Teig:</u> Hefeteig (s. Seite 13),
auf einem Backblech ausgewellt.
<u>Belag:</u> 150 g Semmelbrösel,
mit 100 g Zucker und 2 TL Zimt
vermischt * 1 kg Äpfel gewaschen,
geschält, Kerngehäuse entfernt,
in Ringe geschnitten * 3 EL Honig,
mit 3 EL Weinbrand verrührt *
80 g Butter, in Scheiben geschnitten.

Die Semmelbröselmischung auf den
Hefeteig streuen. Mit den Apfelringen
belegen und mit dem Honig beträu-
feln. Mit den Butterscheiben belegen.
Nochmals 10 Minuten gehen lassen.
Bei 200 °C 50 Minuten backen.

Apfel-Rahmstrudel Foto
Seite 39

<u>Teig:</u> Strudelteig
(s. Seite 18), Backblech.
<u>Füllung:</u> 2 Becher (à 150 g) saure
Sahne * 40 g Speisestärke *
1 kg Äpfel, gewaschen, geschält,
Kerngehäuse entfernt, in dünne
Scheiben geschnitten * 100 g Sultaninen * 1 TL Zimt * 1 Msp Nelken.
<u>Zum Bestreichen:</u> 40 g Butter,
zerlassen * ⅛ l heiße Milch.

Den Strudel dünn ausrollen und auf ei-
nem bemehlten Küchentuch mit den
Händen weiter ausziehen.
Für die Füllung die saure Sahne mit
Speisestärke verrühren und auf den
Teig streichen. Äpfel, Sultaninen und
Gewürze vermengen und auf dem Teig
verteilen. Den Strudel durch vorsichti-

ges Anheben des Tuchs zusammenrollen und mit der Naht nach unten auf das Blech gleiten lassen. Mit Butter bepinseln.
Bei 200 °C 45 Minuten backen.
Nach der halben Backzeit die Milch darübergießen.

Altschwäbischer Apfelkuchen

Teig: 250 g Dinkelmehl (Reformhaus) * ¼ l Milch * 1 Ei *
1 Prise Salz. Springform, Backtrennpapier.
Belag: 750 g Äpfel, gewaschen, geschält, Kerngehäuse entfernt, in Ringe geschnitten * 80 g Rosinen * 60 g Mandeln, gestiftelt *
100 g Zucker, mit 2 TL Zimt vermischt.
Zum Bestreichen: 1 Eigelb, verquirlt.

Für den Teig die Zutaten miteinander verrühren. ⅔ in die Springform geben und den Rand 2 cm hoch ziehen. Mit den Apfelringen belegen und mit den Rosinen, Mandelstiften und der Zimt-Zuckermischung bestreuen. Mit dem restlichen Teig gitterförmig belegen und das Teiggitter mit dem Eigelb bestreichen.
Bei 200 °C 45 Minuten backen.

Apfel-Haselnußkuchen

Teig: 250 g Butter * 75 g Zucker *
250 g Mehl, gesiebt und mit
1 TL Backpulver vermischt *
1 Prise Salz * 200 g Haselnüsse, geröstet, gemahlen.
Springform, Backtrennpapier.

Füllung: 1 kg Äpfel, gewaschen, geschält, Kerngehäuse entfernt, geviertelt, mit 100 g Zucker und dem Saft von 1 Zitrone in ¼ l Weißwein gar gedünstet, abgetropft, passiert.
Verzierung: Puderzucker *
⅛ l Sahne mit 1 TL Zucker steif geschlagen * einige ganze, geröstete Haselnüsse.

Für den Teig Butter und Zucker schaumig rühren. Mehl, Salz und Haselnüsse untermengen. Die Masse halbieren und jeweils in die Springform streichen. Nacheinander bei 180 °C 25 Minuten backen.
Auskühlen lassen.
Das Apfelmus zwischen die Teigplatten streichen. Den Kuchen mit Puderzucker übersieben und mit Schlagsahnetupfen und Haselnüssen hübsch verzieren.

Weitere Rezepte für Äpfel (s. Abwandlungen)

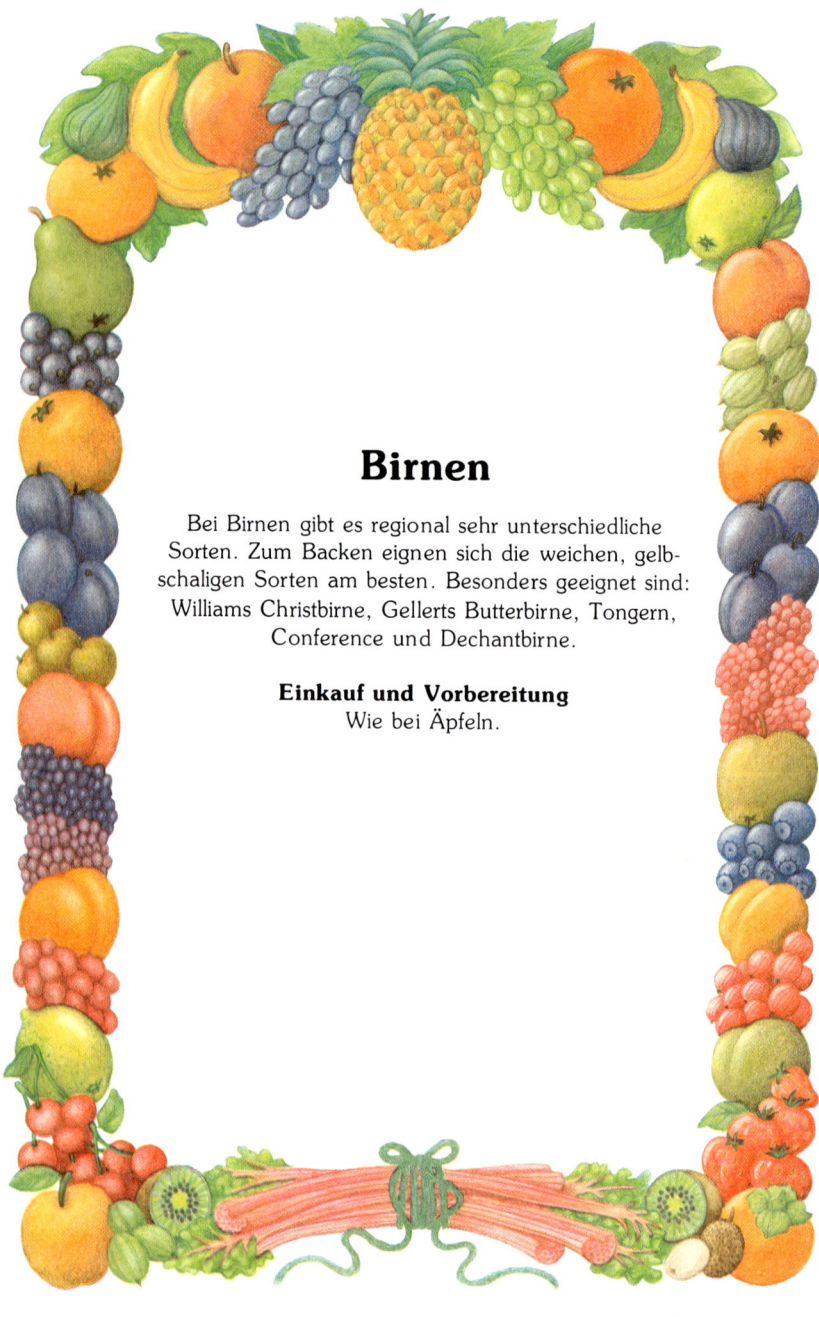

Birnen

Bei Birnen gibt es regional sehr unterschiedliche Sorten. Zum Backen eignen sich die weichen, gelb-schaligen Sorten am besten. Besonders geeignet sind: Williams Christbirne, Gellerts Butterbirne, Tongern, Conference und Dechantbirne.

Einkauf und Vorbereitung
Wie bei Äpfeln.

~~~~~~

Birnen

~~~~~~

Schokoladen-Birnenkuchen

<u>Teig</u>: *Mürbteig (s. Seite 10),*
in Springform bei 200 °C 30 Minuten
blind gebacken, erkaltet, mit
1 P Kuvertüre, erwärmt, ausgepinselt.
<u>Belag</u>: *1 kg Williams Christ Birnen,*
gewaschen, geschält, Kerngehäuse
entfernt, halbiert, mit 3 EL Zucker und
1 Zimtstange in 1/4 l Wasser gar
gedünstet , gut abgetropft (oder
1 Dose, 850 ml, Birnenhälften) *
3/8 l Sahne, mit 4 EL Zucker,
1 P Vanillinzucker, 3 EL Kakaopulver
und Sahnefestiger steif geschlagen.
<u>Verzierung</u>: *100 g Schokoladeraspeln.*

Die Birnenhälften auf dem Kuchenboden verteilen. Mit der Schokoladen-
sahne bestreichen und mit den Schokoladeraspeln bestreuen.

Birnentorte William

<u>Teig</u>: *Mürbteig (s. Seite 10), in*
Springform bei 200 °C 30 Minuten
blind gebacken, noch warm mit etwas
zerlassener Butter ausgepinselt.
<u>Belag</u>: *1 kg Williams Christ Birnen,*
gewaschen, geschält, Kerngehäuse
entfernt, halbiert, mit 3 EL Zucker
in 1/4 l Weißwein gar gedünstet,
gut abgetropft (oder 1 Dose, 850 ml,
Birnenhälften) * 10 Blatt weiße
Gelatine, eingeweicht, warm aufge-
löst * 500 g Magerquark, ausgedrückt *
100 g Zucker * 1 P Vanillinzucker *
3/8 l Sahne, steif geschlagen.
<u>Verzierung</u>: *1/8 l Sahne, steif*
geschlagen * Schokoladeraspeln.

Den Mürbteigboden auf eine Tortenplatte geben. Den Springformrand mit
einem Streifen Alufolie auskleiden und
um den Boden legen. Die Birnenhälften auf dem Kuchenboden verteilen.
Quark, Zucker und Vanillinzucker verrühren und unter die Gelatine ziehen.
kühl stellen. Bevor die Masse anfängt,
fest zu werden, die Schlagsahne unterziehen. Kühl stellen. Die Quarkcreme
auf die Birnen streichen und die Torte
2 Stunden kühl stellen.
Den Springformrand entfernen und mit
Schlagsahne und Schokoladeraspeln
verzieren.

Birnen-Meringenkuchen

<u>Teig</u>: *Mürbteig (s. Seite 10),*
in Springform gegeben,
Rand 3 cm hoch gezogen,
bei 200 °C 20 Minuten blind gebacken.
<u>Belag</u>: *1 kg Birnen, gewaschen,*
geschält, Kerngehäuse entfernt,
halbiert, mit 150 g Zucker und
1 Zimtstange in 1/4 l Weißwein gar
gedünstet, gut abgetropft (oder
1 Dose, 850 ml, Birnenhälften),
püriert.
<u>Baisermasse</u>: *3 Eiweiß, mit*
1 Prise Salz, 80 g Puderzucker und
2 EL Birnenschnaps im Wasserbad
steif geschlagen * 40 g Mandelstifte.

Das Birnenmus auf den Mürbteigboden streichen. Mit der Baisermasse abdecken – entweder in Wolken aufstreichen oder dicht spritzen – und mit den
Mandelstiften bestreuen.
Bei 140 °C weitere 35 Minuten backen,
die Baisermasse soll goldgelb sein.

Birnen

Birnenstrudel   Foto

Teig: 2 P Tiefkühlblätterteig (je 300 g),
aufgetaut, ausgewellt (s. Seite 9).
Backblech.
Füllung: 100 g Haselnüsse, geröstet,
gemahlen, mit 100 g Zucker und
1 TL Zimt vermischt * 1 kg Birnen,
gewaschen, geschält, Kerngehäuse
entfernt, in Scheiben geschnitten.
Zum Bestreichen: 40 g Butter,
zerlassen.

Die Hälfte der Haselnuß-Zuckermischung auf dem Blätterteig verteilen. Mit den Birnenscheiben belegen und mit der anderen Hälfte der Zuckermischung überstreuen. Den Teig vorsichtig aufrollen, mit der Naht nach unten auf das Backblech heben und mit Butter bepinseln.
Bei 200 °C 45 Minuten backen.

Birnen-Honigkuchen

Teig: 125 g Mehl, gesiebt *
1 Prise Salz * 125 g Butter, in Würfel
geschnitten * 125 g Magerquark *
1 TL Essig. Springform, Backtrennpapier.
Belag: 1 kg Birnen, gewaschen,
geschält, Kerngehäuse entfernt,
in Spalten geschnitten * 1/8 l Sahne *
1 EL Speisestärke * 1 Ei *
5 EL Honig * 80 g Mandeln, gestiftelt.

Die Zutaten für den Teig rasch vermengen und 30 Minuten kühl stellen. In die Springform drücken, den Rand hoch ziehen. Mit den Birnenspalten belegen. Bei 200 °C 15 Minuten backen.
Sahne, Speisestärke, Ei und Honig verquirlen und über die Birnen gießen. Mit den Mandelstiften bestreuen und weitere 25 Minuten backen.

Birnen

Birnenpie

Foto

<u>Teig:</u> *Pieteig (s. Seite 11), die Hälfte in Pieform gegeben, Rand 2 cm hoch.*
<u>Belag:</u> *750 g Birnen, geschält, Kerngehäuse entfernt, in Spalten geschnitten und mit 40 g Butter, 120 g braunem Zucker, 1 Msp Ingwer, Saft von 1 Zitrone und 2 EL Orangenmarmelade weich gedünstet.*
<u>Zum Bestreuen:</u> *Puderzucker.*

Pieform mit den Birnenspalten auslegen. Mit der anderen Teigplatte bedecken. In die Mitte ein kleines Loch schneiden, damit der Dampf entweichen kann. Zum Verzieren aus Teigresten beliebige Formen ausstechen und auf dem Teigdeckel anordnen. Bei 200 °C 40 Minuten backen. Warm oder kalt mit Schlagsahne servieren.

Gedeckter Birnenkuchen

<u>Teig:</u> *100 g Butter * 50 g Puderzucker, gesiebt * 1 Prise Salz * 300 g Mehl, gesiebt und mit 1 P Backpulver vermischt * ⅛ l Milch. Backblech, Backtrennpapier.*
<u>Belag:</u> *1,5 kg Birnen, geschält, Kerngehäuse entfernt, grob geraspelt * 80 g Zucker * 2 TL Zimt * 50 g Sultaninen * 50 g Mandeln, gehackt.*

Einen glatten Teig bereiten und kalt stellen. Die Hälfte des Teigs zur Platte ausrollen und auf das Blech legen. Birnen darauf verteilen und mit Zucker, Zimt, Sultaninen und Mandeln bestreuen. Aus dem restlichen Teig ebenfalls eine Teigplatte ausrollen und den Kuchen damit abdecken, mehrfach einstechen. Bei 200 °C 50 Minuten backen.

Weintrauben

Es gibt weiße und blaue Trauben. Zum Verzehr angeboten werden Tafeltrauben. Sorten:

Regina   Gelb, groß, oval, festfleischig, süß (Datteltraube), sehr gut zum Backen geeignet.

Chasselas   Gelb, rund, mittelgroß, sehr süß.

Ohanes, Aledos   Gelb, groß, sehr süß, eignen sich gut zum Backen.

Italia   Gelb, besonders würzig (Muskattraube), gut geeignet.

Cardinale   Blau, groß, großer Kern.

Blaue Lavalée   Blau, groß, süß, kernarm, zum Backen sehr gut geeignet.

Beim Einkauf beachten
Trauben zum Backen sollen groß sein (es müssen nicht so viele entkernt werden) und keine harte Haut haben.

Vorbereitung für Kuchen
Trauben sehr gründlich waschen (sind stark gespritzt!), gut abtropfen lassen und abzupfen. Da Trauben große Kerne haben, werden diese für Kuchen meist entfernt, am besten mit dem Nadelöhr einer großen Spick- oder Stopfnadel.
Für besonders feine Kuchen werden Trauben gehäutet: Kurz in heißes Wasser legen, kalt abspülen, die Haut vom Stielansatz her abziehen.

Weintrauben

Traubenkuchen mit Baiserhaube

Teig: Mürbteig (s. Seite 10), in Springform gegeben, Rand 3 cm hoch gezogen.
*Belag: ¹/₂ l Milch * 1 P Vanille-puddingpulver, mit 6 EL der Milch und 3 EL Zucker angerührt * 2 Eigelb * 750 g weiße Trauben, gewaschen, abgezupft, Kerne entfernt.*
Guß: Baiserhaube für Obstkuchen (s. Seite 17).

Die Milch zum Kochen bringen. Das Puddingpulver einrühren und unter Rühren dicklich kochen. Vom Herd nehmen und die Eigelb unterrühren. Mit etwas Butter bestreichen, damit sich keine Haut bildet, und erkalten lassen. Auf dem Mürbteigboden verteilen und mit den Trauben belegen. Die Baisermasse darübergießen.
Bei 200 °C 45 Minuten backen.

Abwandlung Es eignen sich auch Johannis- oder Stachelbeeren.

Trauben-Rahmkuchen

Teig: Mürbteig (s. Seite 10), in Springform gegeben, Rand 3 cm hoch gezogen.
*Belag: 1 Ei * 1 Eigelb * 150 g Mandeln, gemahlen * 750 g weiße Trauben, gewaschen, abgezupft, Kerne entfernt, gehäutet.*
*Guß: 4 Eier * 120 g Zucker * 1 P Vanillinzucker * ¹/₄ l saure Sahne.*

Für den Belag Ei und Eigelb verquirlen. Die Mandeln unterrühren und auf den Mürbteigboden streichen. Mit den Trauben in dichten Kreisen belegen.
Für den Guß nacheinander alle Zutaten glatt rühren und auf den Trauben verteilen.
Bei 180 °C 50 Minuten backen, die Oberfläche soll goldbraun sein.

Halbgefrorene Quark-Traubentorte

Teig: Biskuitteig für Kuchenboden (s. Seite 16), in Springform gebacken, ausgekühlt.
*Belag: 1 kg Magerquark, ausgepreßt * 200 g Zucker * 1 P Vanillinzucker * Saft von 2 Zitronen * ¹/₄ l weißer Traubensaft * 12 Blatt weiße Gelatine, eingeweicht * 350 g weiße und 350 g blaue Trauben, gewaschen, abgezupft, Kerne entfernt * ³/₈ l Sahne, steif geschlagen.*

Quark, Zucker, Vanillinzucker und Zitronensaft verrühren. Den Traubensaft erwärmen und die Gelatine darin auflösen. Etwas abkühlen lassen und die Quarkmasse unterrühren. Kühl stellen. Sobald die Masse anfängt, fest zu werden, die Schlagsahne unterziehen. Kühl stellen.
Den Biskuitboden auf eine Tortenplatte geben. Den Ring einer Springform mit Alufolie auslegen und um den Boden herumlegen. Die Quarkmasse einfüllen und mit Trauben belegen. Torte 2 Stunden kalt stellen. Vor dem Servieren den Rand entfernen.
Eiskalt oder halbgefroren servieren.

Weintrauben

Traubenkuchen Winzerin

Teig: Mürbteig (s. Seite 10),   Foto
in Springform gegeben,
Rand 3 cm hoch gezogen.
Belag: 750 g weiße Trauben,
gewaschen, abgezupft,
Kerne entfernt.
Guß: 5 Eiweiß, mit 1 Prise Salz steif
geschlagen * 3 Eigelb, mit
200 g Zucker schaumig gerührt *
150 g Mandeln, gemahlen.

Die Trauben auf dem Mürbteigboden
verteilen. Für den Guß die Zutaten
nacheinander vorsichtig untereinanderheben und über die Trauben geben.
Bei 180 °C 60 Minuten backen.

Elsässer Traubentorte

Teig: 125 g Butter * 75 g Zucker *
1 Eigelb * 125 g Speisestärke *
1 Prise Salz * 1 Msp Backpulver *
100 g Haselnüsse, geröstet, gemahlen.
Springform.
Belag: 100 g Butter * 50 g Zucker *
4 Eigelb * 1 P Vanillinzucker *
2 EL Grappa * 100 g Mandeln,
gemahlen * 1 EL Speisestärke *
4 Eiweiß, mit 1 Prise Salz und
50 g Zucker steif geschlagen *
750 g weiße Trauben,
gewaschen, abgezupft,
Kerne entfernt
(nach Belieben gehäutet).
Verzierung: Puderzucker.

Weintrauben

Für den Teig, Butter, Zucker und Ei-
gelb schaumig schlagen. Speisestärke,
Salz, Backpulver und Haselnüsse un-
terrühren. In die Springform geben,
Rand 3 cm hoch ziehen, kalt stellen.
Für den Belag Butter, Zucker, Eigelb,
Vanillinzucker und Grappa schaumig
schlagen. Mandeln und Speisestärke
unterrühren. Den Eischnee und die
Trauben unterziehen. Die Masse auf
den Teig geben.
Bei 180 °C 60 Minuten backen.
Erkalten lassen und mit Puderzucker
bestäuben.

Weintrauben-Kokostorte

Teig: *6 Eigelb * 120 g Zucker *
1 Prise Salz * Kokosmilch aus
300 g Kokosflocken, in ½ l Milch
30 Minuten bei schwacher Hitze
gekocht, durch ein Sieb gegossen,
Kokosflocken entfernt, erkaltet (oder
statt Kokosflocken Fruchtfleisch einer
frischen Kokosnuß im Mixer püriert) *
120 g Mehl, gesiebt. Springform.*
Zum Bestreichen: *80 g Butter,
zerlassen.*

Belag: *¼ l Sahne, mit 2 EL Zucker,
1 EL Grappa und Sahnefestiger steif
geschlagen * 500 g weiße Trauben
gewaschen, abgezupft, entkernt.*

Für den Teig Eigelb, Zucker und Salz
schaumig schlagen. Langsam die Kokosmilch und das Mehl unterrühren.
Die Springform mit etwas Butter bestreichen und eine dünne Schicht Teig
eingießen. Im Grill in ca. 10 Minuten
golden backen. Herausnehmen, dünn
mit Butter bepinseln und wieder eine
dünne Teigschicht aufgießen. So weiterverfahren, bis der Teig verbraucht
ist. Die Torte erkalten lassen.
Mit der Sahne bestreichen und mit den
Weintrauben belegen.

**Weitere Rezepte für Weintrauben
(s. Abwandlungen)**

Seite 25 Rhabarber-Mandeltorte
Seite 44 Schwäbischer Träubles-
          kuchen
Seite 44 Schwäbischer Johannisbeer-
          kuchen mit Baiserguß
Seite 49 Stachelbeer-Rahmkuchen
Seite 76 Apfelpie

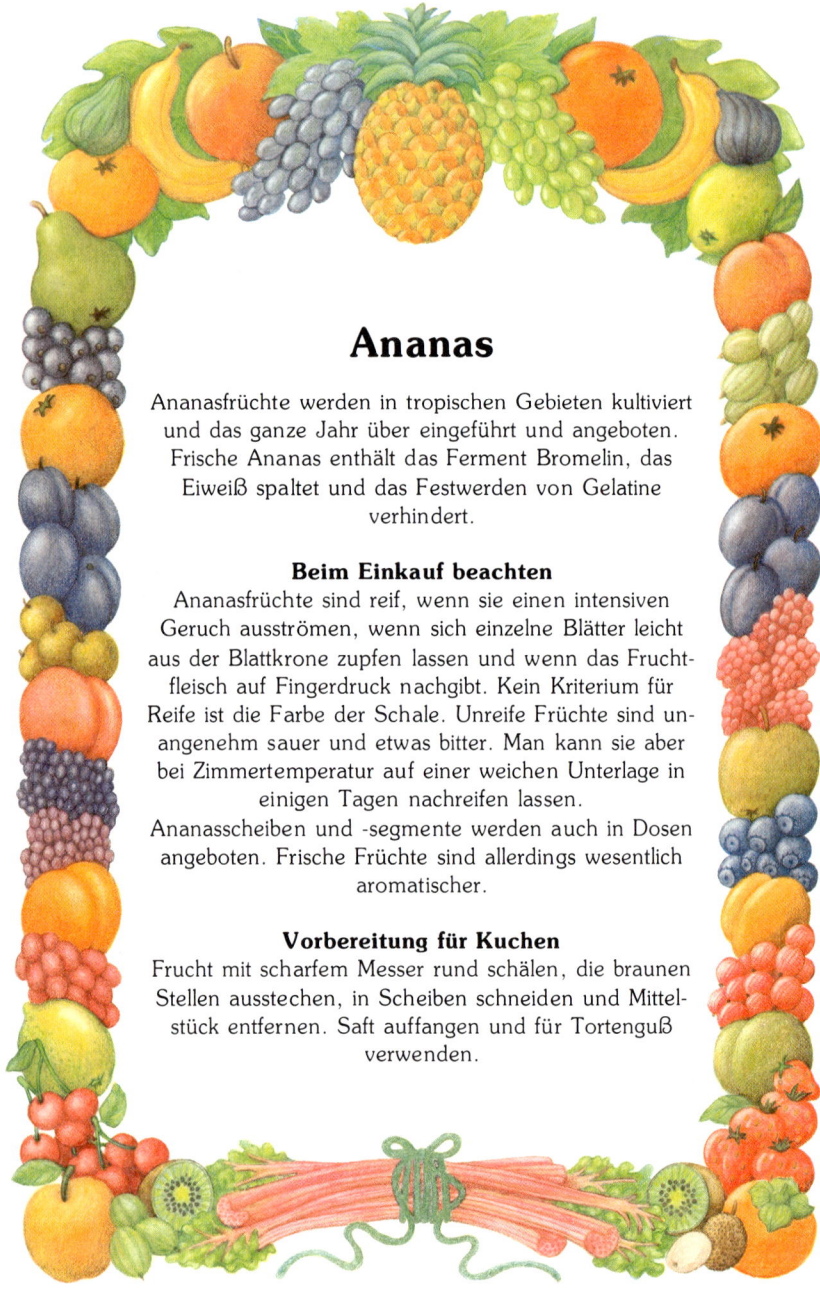

Ananas

Ananasfrüchte werden in tropischen Gebieten kultiviert und das ganze Jahr über eingeführt und angeboten. Frische Ananas enthält das Ferment Bromelin, das Eiweiß spaltet und das Festwerden von Gelatine verhindert.

Beim Einkauf beachten

Ananasfrüchte sind reif, wenn sie einen intensiven Geruch ausströmen, wenn sich einzelne Blätter leicht aus der Blattkrone zupfen lassen und wenn das Fruchtfleisch auf Fingerdruck nachgibt. Kein Kriterium für Reife ist die Farbe der Schale. Unreife Früchte sind unangenehm sauer und etwas bitter. Man kann sie aber bei Zimmertemperatur auf einer weichen Unterlage in einigen Tagen nachreifen lassen.
Ananasscheiben und -segmente werden auch in Dosen angeboten. Frische Früchte sind allerdings wesentlich aromatischer.

Vorbereitung für Kuchen

Frucht mit scharfem Messer rund schälen, die braunen Stellen ausstechen, in Scheiben schneiden und Mittelstück entfernen. Saft auffangen und für Tortenguß verwenden.

Ananas

Ananasreistorte

Teig: *Mürbteig (s. Seite 10),*
in Springform gegeben, Rand 3 cm
hoch gezogen, bei 200 °C 15 Minuten
blind gebacken.
Belag: *³/₄ l Milch * 50 g Zucker ***
*75 g Milchreis * 1 P Vanillepudding-*
*pulver, mit 4 EL Milch angerührt ***
1 Ananas, in Scheiben geschnitten,
geschält (oder 1 Dose, 850 ml,
*Ananasscheiben) * einige Kirschen.*
Zum Bestreichen: *4 EL Aprikosen-*
marmelade, erwärmt.

Milch und Zucker aufkochen und den
Reis einrühren. Unter Rühren sämig
kochen. Das Puddingpulver einrühren
und kurz aufkochen lassen. Vom Herd
nehmen, mit etwas Butter bestreichen,
damit sich keine Haut bildet, und auskühlen lassen. Den Reisbrei auf den
Mürbteigboden glatt verstreichen und
mit den Ananasscheiben und Kirschen
belegen.
Bei 200 °C noch weitere 20 Minuten
backen.
Noch heiß mit der Aprikosenmarmelade bestreichen.

Ananaskuchen

Teig: *¹/₂ Rezept Pieteig (s. Seite 11),*
in Pieform gedrückt.
Belag: *³/₈ l Milch * 1 Vanilleschote ***
*100 g Zucker * 3 EL Speisestärke,*
*mit 2 EL der Milch angerührt ***
*6 Eigelb * 2 EL Ananaslikör ***
1 Ananas, in Scheiben geschnitten,
geschält (oder 1 Dose, 850 ml,
Ananasscheiben).

Milch, Vanilleschote und Zucker aufkochen. Die Speisestärke einrühren
und dicklich kochen. Die Vanilleschote
entfernen. Vom Herd nehmen und
langsam Eigelb und Ananaslikör unterschlagen. Auf den Pieteig streichen
und dicht mit Ananasscheiben belegen.
Bei 200 °C 40 Minuten backen.
Mit Schlagsahne servieren.

Umgedrehte Ananastorte

Belag: *30 g Butter, zerlassen ***
*100 g Zucker * 6 Scheiben Ananas*
*(frisch oder aus der Dose) ***
*6 Cocktailkirschen * 6 Walnußkerne.*
Springform.
Teig: *6 Eigelb * 150 g Zucker ***
*1 Prise Salz * 125 g Butter, zer-*
*lassen * 6 Eiweiß, mit 1 Prise Salz*
*steif geschlagen * 250 g Mehl, gesiebt*
und mit 2 TL Backpulver vermischt.

Springform bis in die Mitte des Randes
hinauf mit Alufolie auskleiden. Für den
Belag die zerlassene Butter auf die
Folie gießen und den Zucker ein-
streuen. Mit den Ananasscheiben belegen. In die Mitte jeder Scheibe eine
Kirsche, zwischen die Scheiben eine
Walnuß legen.
Für den Teig Eigelb, Zucker und Salz
schaumig schlagen. Die Butter dazu-
gießen, den Eischnee darauf verteilen
und das Mehl mit dem Backpulver darübersieben. Vorsichtig vermengen. Auf
die Ananas gießen.
Bei 175 °C 50 Minuten backen.
Auf einem feuchten Tuch auskühlen
lassen und stürzen.

Zitrusfrüchte

Orangen

Navelorangen Frühreif, kernlos, saftig (»Navels«).

Valenciaorangen Spätreif, kernlos, süß, leicht schälbar (»Jaffas«).

Blutorangen Vollblutfrüchte mit roter Schale und rotem Fleisch (»Blutoval«), Halbblutfrüchte mit gelber Schale und rotem Fleisch (»Moro«).

Mandarinen

Mandarinen Süß-säuerlich, aromatisch, kernreich, leicht schälbar.

Clementinen Süß, nicht so aromatisch, fast kernlos, schwer schälbar.

Satsumas Süß-säuerlich, sehr aromatisch, kernlos, leicht schälbar.

Beim Einkauf beachten

Früchte dürfen nicht weich sein. Früchte mit großporiger Schale haben eine dicke Haut und damit viel Abfall.

Vorbereitung für Kuchen

Filetieren: Orange mit einem scharfen Messer wie einen Apfel schälen, die weiße Haut entfernen. Einzeln die Fruchtsegmente zwischen den Häuten heraustrennen. Den Saft auffangen.

Zitrusfrüchte

Zitronenkuchen

<u>Teig:</u> ½ Rezept Pieteig (s. Seite 11),
in Pieform gedrückt, bei 200 °C
20 Minuten gebacken.
<u>Füllung:</u> 3 Eigelb ∗ 2 EL lauwarmes
Wasser ∗ 200 g Zucker ∗
¼ l Zitronensaft ∗ 65 g Speisestärke,
mit 2 EL Wasser angerührt.
<u>Guß:</u> 3 Eiweiß, mit 1 Prise Salz und
2 EL Zitronensaft steif geschlagen.

Für die Füllung Eigelb mit Wasser und
Zucker dickschaumig schlagen. Zitro-
nensaft und Speisestärke unterrühren.
Die Masse auf den Pieteig gießen und
mit der Baiserhaube abdecken.
Bei 160 °C noch 15 Minuten backen.

Orangen-Zwiebackkuchen

<u>Teig:</u> 200 g Mehl, gesiebt und mit
½ TL Backpulver vermischt ∗
1 Prise Salz ∗ 100 g Butter, in
Scheiben geschnitten ∗ 1 EL kaltes
Wasser ∗ Schale von 1 Zitrone.
Springform, Backtrennpapier.
<u>Belag:</u> 40 g Butter ∗ 3 Eigelb ∗
200 g Zwieback, gemahlen ∗ Saft von
7 Orangen ∗ 3 Eiweiß, mit 1 Prise Salz
steif geschlagen ∗ 1 EL Zucker.

Für den Teig die Zutaten rasch vermengen und 30 Minuten kühl stellen.
Für den Belag Butter, Zucker und Eigelb schaumig schlagen. Zwieback und
Orangensaft unterrühren. Den Eischnee unterziehen und den Zucker
darüberstreuen. In die Form geben.
Bei 175 °C 45 Minuten backen.

Orangenschaumtorte

<u>Teig:</u> 180 g Mehl, gesiebt ∗ 1 Prise
Salz ∗ 100 g Butter, in Scheiben
geschnitten ∗ 1 Eigelb ∗ 2 EL kaltes
Wasser ∗ 1 Msp Muskat, gemahlen.
Springform, Backtrennpapier.
<u>Belag:</u> ¼ l Orangensaft ∗
3 EL Zucker ∗ 1 Prise Salz ∗ Saft und
abgeriebene Schale von 1 Zitrone ∗
2 EL Speisestärke ∗ 3 Eigelb.
<u>Baiserhaube:</u> Baiserhaube
für Obstkuchen (s. Seite 17).

Für den Teig die Zutaten rasch zusammenkneten und 30 Minuten kühl stellen. In eine Springform geben und den
Rand 2 cm hoch ziehen.
Bei 200 °C 20 Minuten blind backen.
Für die Füllung Orangensaft mit
Zucker, Salz, Zitronensaft und -schale
zum Kochen bringen. Die Speisestärke
einrühren und dicklich kochen. Vom
Herd nehmen und die Eigelb unterschlagen. Die Füllung auf den Kuchenboden streichen und mit der Baiserhaube abdecken.
Bei 160 °C noch weitere 15 Minuten
backen.

~~~~~~~~~~~~~~~~~~~~~~~~~
Abwandlung Statt Orangensaft eignet sich auch Zitronensaft.
~~~~~~~~~~~~~~~~~~~~~~~~~

Zitrusfrüchte

Blutorangentorte

Teig: *100 g Butter * 100 g Zucker *
1 P Vanillinzucker * 6 Eier *
6 EL Blutorangensaft *
250 g Mandeln, gemahlen *
2 TL Backpulver * 120 g Schokolade,
gerieben. Springform, Backtrennpapier.*
Füllung: *¼ l Blutorangensaft *
4 EL Zucker * Saft von 1 Zitrone *
1 P Vanillinzucker * 2 EL Speisestärke, mit 1 EL Wasser angerührt *
4 Eigelb.*
Verzierung: *150 g Puderzucker,
gesiebt und mit etwas Orangensaft
glatt gerührt * einige Scheiben
kandierte Orangen.*

Für den Teig Butter, Zucker, Vanillinzucker schaumig rühren. Langsam die
Eier unterschlagen. Mandeln, Backpulver und Schokolade unterrühren. In
die Springform füllen.
Bei 180 °C 50 Minuten backen.
Erkalten lassen und 1mal teilen.
Für die Füllung Orangensaft mit Zuk-
ker, Zitronensaft und Vanillinzucker
aufkochen. Die Speisestärke einrühren
und dicklich kochen. Vom Herd nehmen und langsam die Eigelb unterrühren. Mit etwas Butter bestreichen, damit sich keine Haut bildet, und erkalten
lassen. Die Creme zwischen die Tortenböden füllen. Die Tortenoberfläche
mit dem Puderzucker glasieren und mit
den Orangenscheiben belegen.

Orangensahnetorte

Teig: *Biskuitteig für Torte (s. Seite 15),
in Springform gebacken, ausgekühlt,
1mal geteilt, mit 2 EL Cointreau beträufelt (oder Orangensaft).*
Füllung: *½ l frisch ausgepreßter
Orangensaft * 80 g Zucker *
1 P Sahnepuddingpulver, mit
4 EL Saft angerührt * ¼ l Sahne,
mit Sahnefestiger, steif geschlagen.*
Verzierung: *Puderzucker *
¼ l Sahne, mit 2 EL Zucker und
Sahnefestiger steif geschlagen *
3 Orangen, filetiert *
40 g Mandelblättchen, geröstet.*

Für die Füllung den Orangensaft mit
Zucker aufkochen. Das Puddingpulver
einrühren und dicklich kochen. Vom
Herd nehmen, mit etwas Butter bestreichen, damit sich keine Haut bildet,
und erkalten lassen. Die Schlagsahne
unterziehen und die Creme zwischen
die Biskuitböden streichen. Den Tor-
tenrand mit Schlagsahne und Mandelblättchen verzieren. Die Tortenoberfläche mit Puderzucker übersieben und
mit Schlagsahnetupfen und Mandari-
nenschnitzen garnieren.

Weitere Rezepte für Mandarinen (s. Abwandlungen)

Exotische Früchte

Kiwis oder chinesische Stachelbeeren werden aus Neuseeland das ganze Jahr über eingeführt. Sie sind etwas größer als ein Ei und wiegen ca. 100 g. Kiwis haben grünes Fruchtfleisch und in der Mitte einen Kranz kleiner, weicher Kernchen, die mitgegessen werden. Sie schmecken süß-säuerlich und erinnern etwas an Stachelbeeren.

Beim Einkauf beachten

Unreife Kiwis sind grün, reife sind braun und dicht behaart. Die Schale muß auf Fingerdruck nachgeben. Unreife Früchte reifen bei Zimmertemperatur auf weicher Unterlage in einigen Tagen nach.

Vorbereitung für Kuchen

Kiwis sind das ideale Obst zum Belegen von Kuchen. Sie sind nicht zu saftig, verfärben sich nicht unter Luft-einwirkung, zerfallen nicht schnell und bilden einen farb-lichen Kontrast zu den übrigen Obstsorten. Mit einem scharfen Messer die braune Schale der Kiwi dünn abschälen, Fruchtfleisch quer in Scheiben schneiden.

Lychees und *Mangos* werden aus der Dose verwendet. Die Früchte gut abtropfen lassen.

Exotische Früchte

Kiwi-Quarktorte

Teig: *Biskuitteig für Torte (s. Seite 15), in Springform gebacken, ausgekühlt, 1mal geteilt, mit 2 EL Cointreau beträufelt.*
Füllung: *500 g Sahnequark (40%), ausgepreßt * 1/8 l Weißwein * 125 g Zucker * 10 Blatt weiße Gelatine, kalt eingeweicht, warm aufgelöst * 1/4 l Sahne, steif geschlagen * 4 Kiwis, geschält, in kleine Stückchen geschnitten.*
Verzierung: *1/8 l Sahne, mit 1 EL Zucker steif geschlagen * 3 Kiwis, in Scheiben geschnitten * 40 g Mandelblättchen, geröstet.*

Für die Füllung Quark, Weißwein und Zucker glatt rühren. Langsam unter die etwas abgekühlte Gelatine rühren. Kühl stellen. Sobald die Masse anfängt, fest zu werden, Schlagsahne und Kiwistückchen unterziehen. Nochmals kühl stellen. Die Füllung zwischen die Biskuitböden streichen und im Kühlschrank fest werden lassen. Rand mit Sahne und Mandelblättchen, die Tortenoberfläche mit Kiwischeiben und Sahnetupfern verzieren.

Schwarzbrot-Kiwitorte

Teig: *4 Eigelb * 100 g Zucker * 1 P Vanillinzucker * 4 Eiweiß, mit 1 Prise Salz steif geschlagen * 40 g Speisestärke, gesiebt und mit 1 TL Backpulver vermischt * 1 EL Kakaopulver * 100 g altbackenes Schwarzbrot, fein gerieben. Springform, Backtrennpapier.*

Füllung: *1/2 l Sahne, mit 2 EL Zucker, 1 Likörglas Eierlikör und Sahnefestiger steif geschlagen.*
Belag: *6 Kiwis, geschält, in Scheiben geschnitten.*
Guß: *1 P klarer Tortenguß, fertiggestellt.*

Für den Teig Eigelb, Zucker und Vanillinzucker schaumig schlagen. Den Eischnee daraufgeben und Speisestärke, Kakao und Schwarzbrot daraufstreuen. Alles vorsichtig untereinandermengen. In eine Springform geben. Bei 175 °C 45 Minuten backen. Auskühlen lassen und 1mal teilen. Den ersten Boden auf eine Tortenplatte legen und mit 2/3 der Sahne bestreichen. Mit dem zweiten Boden abdecken. Die Torte mit der restlichen Sahne und den Kiwischeiben verzieren. Den Tortenguß darauf verteilen.

Kiwi-Walnußkuchen

Teig: *3 Eier * 100 g Zucker * 90 g Mehl * 80 g Walnußkerne, grob gehackt. Springform, Backtrennpapier.*
Füllung: *3/8 l Sahne, mit 3 EL Zucker, 1 P Vanillinzucker und Sahnefestiger steif geschlagen * 4 Kiwis, geschält, in kleine Stückchen geschnitten.*
Verzierung: *1/8 l Sahne, mit 1 TL Zucker steif geschlagen * 2 Kiwis, geschält, in Scheiben geschnitten.*

Für den Teig Eier und Zucker schaumig schlagen. Langsam das Mehl und die Walnußkerne unterrühren. In drei Teile teilen.

Exotische Früchte

Nacheinander bei 180 °C in 45 Minuten 3 dünne Böden backen. Erkalten lassen.
Für die Füllung die Kiwistückchen unter die Sahne ziehen und zwischen die Tortenböden streichen. Die Tortenoberfläche mit Kiwischeiben und Sahnetupfen verzieren.

Lychees-Schokoladentorte

Teig: 3 Eigelb * 80 g Zucker * 160 g Marzipanrohmasse * 3 Eiweiß, mit 1 Prise Salz und 120 g Puderzucker steif geschlagen * 70 g Mehl, gesiebt und mit 65 g Kakaopulver und 65 g gemahlenen Mandeln vermischt. Springform, Backtrennpapier.
Belag: ⅜ l Sahne, mit 3 EL Zucker, 1 P Vanillinzucker, 1 Likörglas Eierlikör und Sahnefestiger steif geschlagen * 1 Dose (850 ml) Lychees, gut abgetropft.

Für den Teig Eigelb, Zucker und Marzipanrohmasse schaumig schlagen. Den Eischnee darübergeben und das Mehlgemisch daraufstreuen. Vorsichtig untereinanderziehen. In die Springform geben.
Bei 180 °C 35 Minuten backen.
Auskühlen lassen. Den Boden mit der Sahne bestreichen und mit den Lychees belegen.

~~~~~~~~~~~~~~~~~~~~

Abwandlung Statt Lychees eignen sich auch Erdbeeren, Himbeeren, Brombeeren, Weintrauben, Kiwis oder Mangos.
~~~~~~~~~~~~~~~~~~~~

Lycheeskuchen

Teig: Mürbteig (s. Seite 10), in Springform bei 200 °C 20 Minuten blind gebacken.
Belag: 1 Dose Lychees (400 g), gut abgetropft * 2 TL Kirschwasser * 2 EL Stärkemehl mit ⅛ l Lycheessaft und 1 EL Zitronensaft angerührt und kurz aufgekocht.
Guß: Baiserhaube für Obstkuchen (s. Seite 17) mit 2 EL Kirschwasser.

Die Lychees auf den Mürbteigboden geben, mit Kirschwasser beträufeln und das Stärkemehl darübergießen. Mit der Baiserhaube abdecken.
Bei 160 °C noch 20 Minuten backen.

Mango-Vanilletorte

Teig: Mürbteig (s. Seite 10), in Springform bei 200 °C 30 Minuten blind gebacken, ausgekühlt.
Belag: 3 Eigelb * 150 g Zucker * Mark von 1 Vanilleschote * 500 g Sahnequark (40 %), ausgepreßt * ¼ l Sahne, mit 1 P Vanillepuddingpulver ohne Kochen steif geschlagen * 1 Dose (425 ml) Mangospalten, gut abgetropft.
Verzierung: ⅛ l Sahne, mit 1 EL Zucker steif geschlagen * 40 g Mandelblättchen, geröstet.

Eigelb, Zucker und Vanillemark schaumig schlagen. Sahne unterziehen und auf den Mürbteigboden streichen. Mit den Mangospalten belegen. Mit der Schlagsahne verzieren und den Rand mit Mandelblättchen bestreuen.

BLV Kochpraxis

Gunvar Dumrath
Paradiesische Apfelküche

Rezeptideen für das Kochen und Backen mit Äpfeln; Informationen über Apfelsorten, Lagerung und Konservierung.

2. Auflage, 110 Seiten

BLV Kochpraxis

Egon M. Binder
Fruchtwein, Most und Säfte selbst gemacht

Erprobte Rezepte und Anleitungen für Obst- und Fruchtweine, Liköre und Sekt, alkoholfreie Fruchtsäfte, Gemüsesäfte, Kräuteressenzen und Essig.

119 Seiten, 13 Farbfotos, 53 s/w-Fotos, 11 Zeichnungen

BLV Idee & Praxis – Essen und genießen 524

Annette Sander
Köstliche Obstspeisen

Würzzutaten und Aromen, Verzierungen; 153 Rezepte für Kompotte, Obstfondues und -salate, Obstspeisen aus Ofen und Pfanne und vieles mehr.

95 Seiten, 22 Farbfotos

BLV Idee & Praxis – Essen und genießen 519

Barbara Engelmann
Vollwert-Süßspeisen

187 erprobte und leicht nachvollziehbare Rezepte für warme und kalte Süßspeisen, Fruchtpürees, Saucen und Konfitüren; Warenkunde, Zutaten.

95 Seiten, 77 Farbfotos, 1 Zeichnung